mqt lu pp. 17 - 20
23 nov. 1909

MANUEL PRATIQUE ET THÉORIQUE

RENFERMANT TOUTES LES EXPÉRIENCES

D'HYPNOTISME

DE

SUGGESTION

ET DE

SOMNAMBULISME

CONTENANT

Trois grandes photographies véritables de sujets
hypnotisés dans diverses poses
au point de vue expérimental et thérapeutique

PAR LE

Professeur J. HOËN

Ancien élève de la Salpétrière

SEUL OUVRAGE PARU A CE JOUR AU POINT DE VUE PRATIQUE

15 années d'expériences sur plus de 8,000 sujets

Prix : 3 fr. 50

DÉPOT GÉNÉRAL
LIBRAIRIE CENTRALE
2, Place du Réduit, 2
BAYONNE
1897

MANUEL PRATIQUE & THÉORIQUE

D'HYPNOTISME

MANUEL PRATIQUE ET THÉORIQUE

RENFERMANT TOUTES LES EXPÉRIENCES

D'HYPNOTISME

DE

SUGGESTION

ET DE

SOMNAMBULISME

CONTENANT

Trois grandes photographies véritables de sujets
hypnotisés dans diverses poses
au point de vue expérimental et thérapeutique

PAR LE

Professeur J. HOËN

Ancien élève de la Salpêtrière

~~~~~~~

SEUL OUVRAGE PARU A CE JOUR AU POINT DE VUE PRATIQUE

~~~~~~~

15 années d'expériences sur plus de 8,000 sujets

~~~~~~~

Prix : 3 fr. 50

————※————

DÉPOT GÉNÉRAL

LIBRAIRIE CENTRALE

2, Place du Réduit, 2

BAYONNE

—

1897

Monsieur le Marquis,

En vous faisant la dédicace de cet ouvrage, je n'ai qu'un but : celui de vous prouver toute ma reconnaissance pour les sincères encouragements que vous m'avez témoignés à plusieurs reprises, dans le cours de mes expériences.

Dans les courts et agréables moments que j'ai eu le plaisir de passer avec vous, j'ai pu constater, que vous étiez, et que vous êtes un érudit de la science, et principalement de cette science, encore si mystérieuse, de l'Hypnotisme, qui sera appelée à rendre plus tard, je l'espère fermement, d'immenses services à l'humanité.

C'est pourquoi, il m'a semblé, en vous dédiant ce livre, que je ne pouvais mieux en consacrer le souvenir profond et durable, qu'en venant vous offrir cet hommage de respectueuse sympathie.

Veuillez agréer, Monsieur le Marquis, l'assurance de ma considération la plus distinguée.

Professeur HOËN.

Biarritz, le 25 Février 1897.

PRÉFACE

AVANT-PROPOS

Le *XIXe siècle*, on l'a dit souvent, (et en bien des circonstances !), est par excellence le *siècle de la science*, mais surtout de la *science pratique !*

La nécessité des connaissances scientifiques devient tous les jours de plus en plus impérieuse, à mesure que nous approchons de la fin de notre « *Grand Siècle* », qui a mis à jour les plus belles découvertes que l'imagination de l'homme puisse rêver !

L'attrait irrésistible qui nous attire tous vers l'Etude de la Science, du « mystérieux » m'a décidé de publier un ouvrage populaire sur l'Hypnotisme.

« *Vulgariser la science de l'Hypnotisme,*
« la mettre à la portée *de toutes les intelli-*
« *gences, la rendre accessible à tous !* »

Tel a été mon but, que je crois avoir rempli, en livrant mon ouvrage au public!

Car c'est pour le public que ce livre a été tout spécialement écrit!

Le titre seul de ma publication en indique du reste le but!

C'est pour mettre cette science de l'Hypnotisme à la portée de tous! de cette science restée si longtemps obscure et entourée de mystères prétendus insondables et avec la certitude pleine et entière de sa réelle valeur, que j'offre aujourd'hui au public cet ouvrage, — étant intimement persuadé et convaincu à l'avance, vu les nombreuses marques de sympathie et d'encouragement qui m'arrivent de tous côtés, — étant persuadé, dis-je, qu'il vient combler une profonde lacune!

La préoccupation à laquelle j'obéis en le publiant est le résultat de l'étude attentive et poursuivie d'une carrière de 15 années d'expériences et de pratique.

A l'encontre des nombreux autres ouvrages qui ont été publiés en la matière par des auteurs en renom dans la Science, et que je ne veux nullement critiquer, (bien qu'il y aurait lieu cependant de le faire, mais par trop!) — cet ouvrage, avant tout, sera impartial dans la constatation des faits qui y sont mentionnés, car, substituer à la réalité la fiction ou l'erreur, c'est quitter la région de la Science pour entrer dans celle de l'imagination et du roman, et surtout dans celle du charlatanisme !

Jusqu'ici les Amateurs, — et ils sont nombreux ! — s'étaient trouvés fort embarrassés pour pouvoir produire une expérience quelconque ayant trait à l'Hypnotisme.

Ils trouveront ici, dans cet ouvrage, rassemblés, nombre d'éléments utiles.

Les débutants ont besoin d'un guide sûr, qui leur évite les déboires des premières études : j'espère être ce guide.

Aujourd'hui, plus que jamais, dans cette « fin de siècle », tous, nous avons soif de lumière et de progrès ; tous, nous nous adonnons, avec un certain plaisir même, à l'étude de toutes les sciences en général ; et particulièrement à celles offrant un certain côté prétendu mystérieux, en un mot, à l'étude des Sciences, désignées sous le nom de « Sciences occultes » !

Plus que jamais, aujourd'hui, dis-je, beaucoup de personnes, dans toutes les classes de la société, désirent faire de l'hypnotisme, mais ne connaissent pas ce qu'il faut pour réussir : « Mon ouvrage leur « donnera le conseil dont elles ont be- « soin ».

La Science ayant démontré que de nos jours il n'existe plus aucun mystère pour elle, c'est pour que mes aimables lecteurs et charmantes lectrices en soient bien réellement convaincus que j'édite cet ouvrage, dans lequel il ne faudra pas, — comme dans les autres, — chercher trop de théories !

C'est un Manuel pratique, dans le terme du mot ! qui s'adresse à *Tout le Monde*, et que *Tout le Monde doit comprendre* ; car je me suis plu à en écarter tous les termes et mots techniques qui ont été employés à profusion, et comme à dessein, jusqu'ici, dans les ouvrages de ce genre !

C'est le « *Vade Mecum* », et l'ami de l'amateur, réellement soucieux d'accomplir et de bien faire les expériences qu'il aura proposées !

Pour cette raison, je ne m'étendrai pas longuement sur la partie théorique ! Par contre, on trouvera ici beaucoup de formules *entièrement nouvelles et inédites*, dégagées de ces nombreuses passes, qui, généralement par leur durée, finissaient

presque toutes, le plus souvent, par avoir
un résultat imprévu pour l'opérateur qui
les faisait : « *Celui de faire dormir tous les
spectateurs ! !* »

Les expériences relatées dans le cours de
cet ouvrage, étant toutes le résultat de *recherches et découvertes personnelles*, (et
non pas le résultat d'une fastidieuse com-
pilation !) faites dans le cours de ma carrière, c'est-à-dire depuis environ quinze ans,
comme je le dis plus haut ; — je les ai es-
sayées et adoptées, après avoir eu, en mains,
les preuves suffisantes de leur excellence,
que j'ai constaté « *de visu* » en maintes
circonstances !

Il appartient maintenant au public de
dire si j'ai fait œuvre utile, en ajoutant les
aperçus nouveaux qui m'ont paru propres,
à l'exposé clair et succinct des Méthodes
que j'ai employées jusqu'ici, dans la Science
de l'Hypnotisme, lesquelles m'ont valu de
nombreuses marques d'approbation par les
célébrités médicales et scientifiques les plus
renommées !

Dans cette science de l'*Hypnotisme*, il y
a lieu de mettre bien des vérités à jour,
bien des légendes à détruire ; car, en l'espèce,
que n'a-t-on pas écrit ?

Que de récits, et des plus contradictoires, ont été racontés! Que d'opinions, par suite, ont été ébranlées et complètement faussées!

Avec quelle conviction fortement enracinée, des faits et des choses, faut-il avoir pour venir, par cet ouvrage, réduire à néant les idées entourées de mystères dont on s'est plu à envelopper l'Hypnotisme!

« Vulgariser est toujours une tâche difficile! » — L'auteur a, en effet, un double écueil à redouter : s'il est trop bref, il n'explique rien et manque son but ; s'il s'égare dans les détails, il ne réussit qu'à rebuter le lecteur insuffisamment préparé !

Il ne me coûte pas de déclarer, que dans l'intérêt de mes lecteurs, j'ai su me garder de l'un et de l'autre de ces excès dans mon ouvrage !

Un rapide coup d'œil jeté sur les Titres des Expériences, à la Table des Matières, permettra de comprendre exactement le But que je me suis proposé d'atteindre !

Je recommanderai surtout, et d'une façon toute spéciale, cet ouvrage à MM. les Etudiants des diverses Facultés, me rappelant à leur bon souvenir des nombreux succès que j'ai obtenus dans leurs diverses Associations, où ces cœurs généreux, ainsi que

MM. leurs Professeurs, ne m'ont nullement
ménagé leurs applaudissements et leurs félicitations les plus sincères, ainsi qu'en té-
moignent de *nombreuses attestations* toutes
plus élogieuses les unes que les autres que
je possède, et dont je me suis fait un sensible plaisir d'en relater quelques-unes à
la fin de mon ouvrage !

Non seulement au point de vue de dé-
monstration des expériences il sera le bien
venu, mais encore il fera ressortir et mettre
en lumière sous un jour complètement nouveau que l'Hypnotisme, (dans un temps
peut-être moins éloigné que certains sceptiques ne se l'imaginent), rendra les plus
grands services au point de vue thérapeutique et enfin, par suite, préparera l'avenir
à une destinée plus belle de la Science Mé-
dicale !

PROFESSEUR HOËN.

DE L'HYPNOTISME

SA DÉFINITION

L'Hypnotisme n'est pas un sommeil, c'est une action psychique, ou plutôt une inconscience de ce qui se passe autour du sujet, pendant cet état artificiel et provoqué.

C'est une décuplation de la force physique, morale et intellectuelle, qui, au gré de l'opérateur, peut se sensibiliser (hypéresthésie), ou s'insensibiliser (anesthésie).

En général, les personnes hypnotisables avec facilité sont, de préférence, les femmes névrosées, vulgairement désignées sous le nom d'hystériques.

L'on trouve également de très bons sujets chez les jeunes gens de 15 à 25 ans ; la proportion peut atteindre pour les premières environ 80 % et pour les seconds de 25 à 30 % ; et pour la généralité environ 15 %

Quand on opère sur une névrosée, il est prudent à l'opérateur de la rassurer, de ne pas brusquer l'expérience et de se mettre préalablement en rapport avec elle, par quelques paroles bienveillantes, de manière à sympathiser.

Il existe presque toujours entre l'opérateur et le sujet une sympathie marquée : c'est une des causes de la réussite de l'expérimentateur.

Si, au contraire, le sujet n'a pas confiance en l'opérateur, l'expérience a des chances pour qu'elle ne réussisse pas.

J'ai remarqué dans les 7 ou 8.000 sujets que j'ai hypnotisés depuis le commencement de ma carrière, lorsque je les rencontrais, qu'ils me voyaient avec un grand plaisir.

Il s'est pourtant, néanmoins, trouvé des sujets qui avaient peur de tous ceux qui les avaient soumis à leur influence !

Mais ces cas qui sont fort rares, viennent de ce que ces sujets, par trop impressionnables, dont on a abusé et qui ont été sous la domination des premiers venus, croient voir des hypnotiseurs dans toutes les personnes qui les regardent. De là vient leur antipathie !

Expériences d'attractions : en arrière, à l'état de veille, avec contact et sans contact.

Prier votre sujet de se tenir debout, de fixer un point quelconque devant lui, mais plus élevé que sa hauteur, en prenant la précaution qu'il n'y ait personne devant lui pour éviter de le distraire, puis vous lui dites :

« Je vais vous attirer en arrière, mais ne « craignez rien, je vous retiendrai si vous « tombez ; ne mettez ni pour, ni contre ! »

Vous appliquez alors vos **deux** mains sur les omoplates du sujet, vos deux pouces réunis sur la colonne vertébrale, en dégageant une forte contraction nerveuse et en faisant une légère pression.

Au bout d'une minute ou deux, si vous percevez que le dos de votre sujet s'adhère davantage à vos mains et qu'il tend à aller en arrière, retirez alors vos mains en suivant les mouvements du corps du sujet.

Si vous réussissez par deux ou trois fois l'expérience, vous pouvez ensuite essayer l'attraction sans contact, qui se fait à une distance de 20 centimètres de l'opéré, comme ci-dessus.

Il peut vous arriver surtout chez un sujet femme, en faisant l'expérience d'attraction, que ce sujet soit hypnotisé et même cataleptisé, mais il ne faut pas s'en émouvoir !

Dans les suivantes leçons, je vous dirai ce qu'il y a lieu de faire dans ce cas.

Expériences de Fascination à l'état de veille.

Prendre les mains du sujet et les réunir en plaçant la gauche au-dessous de la droite et, de votre main droite, les maintenir, en appliquant votre main gauche devant son épaule droite en lui disant : « de bien vous fixer dans les yeux », tout en ayant soin, vous opérateur, d'avoir la tension de votre regard un peu plus à droite ou un peu plus à gauche, selon ce qu'il vous siéera le mieux.

Au bout de quelques minutes et lorsque vous verrez les pupilles de votre sujet se dilater, vous retirez légèrement votre main droite de dessous les mains du sujet et vous l'appliquez devant son épaule gauche. Ensuite, vous reculez graduellement en arrière et, si le sujet vous suit bien, c'est qu'il est en état de fascination.

Il peut arriver qu'un sujet après avoir été fasciné trop longuement, bien que ses yeux soient toujours ouverts, qu'il prenne l'état inconscient, sans avoir passé par les trois phases de l'hypnose.

Vous pouvez alors le travailler à votre gré et dans l'état qu'il vous plaira.

Les expériences de fascination à l'état de veille sont multiples et que l'on peut varier suivant le sujet.

Je vous en citerai quelques unes à effet, telles que :

Empêcher le sujet de compter jusqu'à dix ; il arrive à neuf, mais il ne peut dire dix ;

De lui faire ouvrir fortement la bouche, et l'empêcher de la refermer malgré sa volonté ;

De lui donner une consommation quelconque à boire et de l'en empêcher, malgré tout son désir, par votre seul regard ;

De le faire tomber à genoux malgré lui ; et, malgré sa volonté et ses efforts, il ne peut se relever ;

Le faire coucher sur le dos, bien allongé, et, par votre seul regard, il restera comme cloué où il se sera couché ;

De le faire asseoir sur une chaise, et lui

dire de se lever et de marcher, mais il ne le pourra ;

De lui dire de vous donner un coup de poing sur la tête ; son bras arrivera à 5 centimètres de votre tête et s'arrêtera net, comme s'il était paralysé ; etc., etc.

Pour cette dernière expérience, il faudra bien vous rendre compte que les muscles du sujet se contractent, car, sans cela, vous pourriez recevoir un coup de poing donné de main de maître.

Je vous relaterai aussi une expérience fort curieuse, au point de vue de la fascination :

Avec un morceau de craie blanche, vous tracez un rond dans lequel vous placez votre sujet, puis vous lui dites, après l'avoir fasciné :

« *Vous allez faire tous vos efforts pour* « *sortir de ce rond, et vous ne le pourrez* « *pas !* »

Pour cela, il faut que l'opérateur regarde fixement le sujet dans les yeux ; vous verrez alors celui-ci faire des efforts considérables pour sortir de cercle, où il restera emprisonné jusqu'à ce que vous fassiez cesser son état de fascination.

Vous pourrez aussi obtenir la même

expérience par la suggestion, le sujet étant à l'état de somnambulisme, et la varier ainsi en disant à votre sujet :

« Qu'il est sur une plaque de fer rouge, « et qu'il ne peut la quitter ! »

Vous le verrez aussitôt se mettre à sauter et à se lever sur la pointe des pieds ; et même vous l'entendrez pousser des cris effrayants, qui vous donneront, à vous-même ainsi qu'aux spectateurs, l'illusion de la réalité !

Un point très important pour la fascination et dont on fera bien de tenir compte : Ce sera d'éviter les courants d'air, qui décontractent les nerfs optiques.

De la recherche des sujets (hommes et femmes) que l'opérateur doit juger d'un premier coup d'œil.

Sujets hommes. — On reconnaît les sujets nerveux par les indices suivants : les yeux et l'ensemble de la physionomie.

Les yeux sont grands, immobilés et les pupilles en sont dilatées.

Le visage est d'un ovale très prononcé. (Cette catégorie s'appelle sujets nerveux).

Il y a également de très bons sujets
dans les nervoso-sanguins, dont les yeux
ne sont pas très grands, mais *sont fixes* et
d'un *brillant vif*. La figure est ronde et
l'ensemble de la personne atteint souvent
une taille et une grosseur au-dessus de la
moyenne.

Il existe aussi des personnes dont les
yeux sont démesurément grands et dont
le regard paraît toujours ne *rien fixer*, et
que l'on désigne sous le nom d' « yeux en
boules de loto ». Ces personnes sont de
très « mauvais sujets » sur lesquels on ne
peut faire aucune expérience.

De même que ceux ayant des yeux fortement renfoncés dans l'arcade sourcillière,
il y a peu de chances de succès en les expé-
rimentant.

Sujets femmes. — Les femmes dont
les yeux sont assez grands, les pupilles
légèrement dilatées, et la cornée (blanc de
l'œil) d'une blancheur d'ivoire, sont des
anémiques, dont on obtient facilement un
état de somnolence.

Mais il arrive souvent lorsque l'opérateur veut expérimenter ces sujets dans cet
état, qu'ils ne répondent pas et sont très
difficiles à obéir, et paraissent plutôt dor-

membres cataleptisés, soit *un bras,* soit *une jambe,* et il ne *pourra* le *faire* malgré toute la *bonne volonté* qu'il y *mettra.*

Vous pouvez également *pincer les parties cataleptisées,* et il ne *ressentira absolument rien.*

Pour faire *cesser* cette *catalepsie partielle,* vous n'avez qu'à frotter légèrement sur les articulations, en disant à votre sujet : « Je vais vous décataleptiser (ou décontracturer) ».

La catalepsie partielle, à l'état de sommeil, nous donne une rigidité beaucoup plus grande que la *catalepsie partielle, à l'état de veille.*

Ici, pour *décataleptiser,* vous touchez de même que ci-dessus les articulations, en les frottant légèrement ; mais au lieu que votre suggestion soit verbale, vous pensez *fortement* et *avec volonté* « que la *partie cataleptisée reprenne* son *état* « *normal* », ce qui devient alors une *suggestion mentale* ».

Certains opérateurs, pour *démontrer* (!) la *catalepsie,* chez leurs sujets, leur *transperçaient* les bras avec des aiguilles, mais cela ne *prouve absolument rien ;* car *toute personne, sans être hypnotisée, peut très bien s'en passer*, et même des quantités, sans ne *ressentir* qu'une *légère piqûre*, lorsque l'aiguille *entre* dans le *bras* et en *ressort*.

Cette expérience *fait beaucoup plus de mal* aux personnes qui la *voient faire*, plutôt qu'à *celles* qui la *subissent*.

De la Catalepsie totale
et de l'Anesthésie.

L'*Insensibilité* du corps d'un sujet à l'*état hypnotique* se *généralise* dans la catalepsie totale.

Pour obtenir cette *catalepsie*, surtout si ce *sujet subit pour une première fois cette action provoquée*, il est utile de lui *faire prendre* la *position horizontale*, et, par une *traction réitérée* que l'opérateur fera sur les *bras* et les *jambes* du sujet, il arrivera qu'au *bout d'un moment* son *corps* prendra une *rigidité cadavérique*, au point qu'en *le plaçant*, les *deux extrémités*, la *tête* sur *une chaise* et les *pieds sur une autre*, qu'il ne *fléchira aucunement* dans cette *position*, même en *lui faisant supporter* un *poids énorme* de 100 kilogrammes et au-dessus.

S'il existe un *tremblement nerveux* que
vous pouvez percevoir en *appliquant les
mains* sur les *jambes du sujet*, c'est un
indice que celui-ci n'est pas *suffisamment
contracturé* (cataleptisé).

Lorsque l'opérateur désirera *expérimenter* la *catalepsie* et s'il y *arrive assez faci-
ment*, il devra *tenir compte* des *observa-
tions suivantes :*

« De *remarquer* si la *respiration* reste
normale, tout en *étant très faible ;* si la
« *physionomie* ne se *congestionne* et ne
« *se violace pas* ». Il est *urgent, dans ces*
cas, qu'il *décataleptise* le *plus tôt possible*
le *sujet*, en lui faisant prendre une *position
verticale* et en le *faisant asseoir* dans un
fauteuil, si toutefois cela est possible.

Pour *décataleptiser*, il faut procéder,
comme je l'ai indiqué dans la *catalepsie
partielle : frotter légèrement* toutes les
articulations, en *commençant* par *les bras.*

Si vous *désirez* qu'*une partie* du *corps de
votre sujet* reste *cataleptisée* lorsqu'il sera
réveillé, à l'état de veille, vous n'avez *qu'à
refaire* une *forte traction* sur la *partie* que
vous *aurez laissé contracturée.*

Ensuite, vous *n'avez qu'à réveiller* votre
sujet et, à son *grand étonnement*, il ne

pourra remuer cette partie restée cata leptisée.

Pour faire alors *cesser* cette *rigidité,* vous *procédez comme ci-dessus* et, si vous ne *réussissez* pas *de suite,* vous *réhypnotisez* votre *sujet* par les *yeux ;* et, lorsque *vous jugerez* qu'il est *suffisamment* sous votre *domination,* vous lui *suggérerez* à haute voix : « Que vous *allez le réveiller ;* « qu'il ne *sera plus paralysé* et qu'il re- « *prendra son état normal* ».

L'expérience que je viens de citer *plus haut* ne *réussit pas toujours.* J'ai remarqué chez un *grand nombre de sujets, principalement* parmi les *jeunes gens,* lorsque je les *cataleptisais,* que je les *plaçais* sur *deux chaises* (la tête sur l'une et les pieds sur l'autre), et que je les *réveillais* dans cet *état* de *catalepsie complète,* j'en *ai trouvé* à peu près, à *chiffre égal,* c'est-à-dire *autant* qui se *décontracturaient immédiatement* après que *je leur avais soufflé* sur *les yeux,* comme *j'en ai trouvé autant d'autres* qui *restaient* dans *la position* qu'ils occupaient alors dans l'*état cataleptique,* qui pouvaient parfaitement parler, mais, quant au *reste du corps (sauf la tête),* il *restait rigide.*

Il me *fallait* donc *procéder* de la *manière* que *j'ai indiquée*, ou encore avoir recours à la *suggestion*.

De l'influence des métaux dans les cas de Paraplégie et d'Hémiplégie artificiélles et provoquées. (*Anesthésie et Hypéresthésie.*)

La *Métalloscopie*, ou autrement dit l'expérimentation des métaux sur le genre humain, et la *Dynamodermie*, c'est-à-dire la *force du métal* sur *l'épiderme*, ou encore la *Métallothérapie* (guérison de maladies par les métaux), que j'ai eu l'honneur d'expérimenter pour la première fois, il y a une douzaine d'années, chez le docteur G....., médecin-chimiste des Eaux de Luchon et professeur à la Faculté de Toulouse, ont été jusqu'en ces dernières années malheureusement *trop délaissées* pour le *bien de l'humanité*, car j'ai *constaté*, en *faisant ces expériences* chez plusieurs sujets à *l'état de veille*, de même *qu'à l'état hypnotique*, que les *effets des métaux se faisaient sentir* d'une manière *presque instantanée* et me *donnaient immédiatement une température* de 38° centigrades.

C'est par cette variation du thermomètre de Burck, que *je me rendais compte du métal,* auquel le *sujet était le plus sensible.*

Pour obtenir la *paraplégie* et l'*hémiplégie* (artificielles bien entendu), vous *mettez votre sujet en catalepsie totale;* vous prenez une *plaque de métal pur,* soit d'*acier,* de *zinc,* d'*étain,* de *platine,* etc., d'une dimension *assez forte,* environ de 7 à 10 centimètres de longueur sur 6 ou 7 de largeur, et vous l'*appliquez* sur un des *côtés de la figure,* de *préférence* sur le *côté gauche.*

Au bout de quelques minutes, vous *touchez* alors *légèrement* le *visage* de *votre sujet,* du *côté droit,* et, si vous observez qu'il y a une *très grande sensibilité (Hypéresthésie)* et que les *muscles de la face droite remuent visiblement,* vous pouvez *retirer votre plaque.*

La *bizarrerie* de l'*influence de la plaque de métal* sur le *côté droit, bien qu'elle soit appliquée sur le côté gauche,* s'explique de ce que nous *avons le système nerveux entrecroisé.*

Vous obtiendrez ainsi *le côté droit du corps* en *résolution musculaire (léthargie)* en *laissant l'autre côté contracturé (cata-lepsie).*

Votre *sujet se trouve ainsi* en *hémi-léthargie* et en *hémi-catalepsie.*

Le *côté hémi-léthargique (côté droit)* est *doué* d'une *sensibilité (hyperesthésie) considérable,* et le moindre *attouchement provoque des sauts* et même des *contorsions,* selon que *vous pressez plus ou moins fort.*

Pour mieux *vous rendre compte* encore de cette *insensibilité extra-physiologique,* vous prenez un *aimant assez puissant, de préférence à triple courant magnétique,* et vous le *placez à une distance* de *cinq* ou *six centimètres* de la *face sensible;* vous remarquerez alors, au bout de *quelques secondes,* que *cet aimant agira parfaitement* sur les *muscles zygomatiques, mascétères* et *baussiers,* de la figure et du cou de votre *sujet,* qui *cherchera* à *éloigner l'aimant* en frappant *dessus* avec la main.

Quant à l'*autre côté hémi-cataleptique,* côté gauche sur *lequel la plaque a été appliquée,* vous *pouvez pincer, appliquer l'aimant,* même en *touchant la figure, chatouiller :* il ne se produira pas *la moindre contraction nerveuse* et le sujet ne *ressentira rien.*

De même que s'*il fallait lui faire, de ce côté,* une *opération chirurgicale,* il la *supporterait sans aucune douleur.*

Vous *pourrez aussi vous rendre compte* que la *ligne médiane* (ligne du *milieu de la tête*) restera *complètement insensible.*

Pour faire *cesser* cet état, vous n'avez qu'à faire une *forte pression* sur la *nuque,* c'est-à-dire derrière la tête; et, si vous ne pouvez y *réussir* par ce *moyen,* il est bon de *réveiller votre sujet* en lui *soufflant fortement* sur les *yeux,* avec la *ferme volonté* que vous allez *réussir.*

Il peut *arriver* que votre *sujet, étant réveillé,* soit paralysé du *côté gauche;* vous *n'avez alors* qu'à le *réendormir* par la *méthode ordinaire;* ensuite, vous *décontracturerez* par *attouchements* sur les *articulations;* et, si encore par hasard vous obteniez un insuccès, vous n'aurez qu'à *lui suggérer* à *haute voix* que vous *allez* le *réveiller,* qu'il ne sera plus *paralysé,* qu'il *reprendra son état normal* et *reposera très bien.*

Dans les cas d'*hémiplégie* et de *paraplégie pathologique,* c'est-à-dire de *mala-*

die si la *face gauche* se trouve *paralysée*, la *paralysie* ne se *poursuit* pas entièrement du *côté gauche*, mais *reprend* du *côté droit*, en laissant la *face droite paralysée*.

Je vous donne cette description pour le cas où il vous arriverait de faire les expériences de *paraplégie* et d'*hémiplégie artificielles*, de façon que vous n'en soyez nullement étonnés.

Avec la pratique de ces expériences, vous pouvez, du reste, arriver à produire ces cas.

L'on peut également provoquer le cas de *paraplégie* et d'*hémiplégie* par la *suggestion* sur un *sujet* ayant été suffisamment *travaillé* à l'*état hypnotique*.

Mais j'ai remarqué, qu'avec l'*influence* des métaux, la *sensibilité* que j'obtenais, de même que l'*insensibilité*, étaient portées à l'extrême.

Du Somnambulisme provoqué
ou artificiel.

Le *somnambulisme* (cas pathologique) est une maladie nerveuse que l'on peut guérir par l'*hypnotisme* et la *suggestion*.

La différence qu'il y a entre le *somnambulisme provoqué* et le *somnambulisme* (cas *pathologique)* est que ce dernier n'est nullement le résultat de *pratiques hypnotiques,* ce qui n'est pas le cas du premier.

Comme dans le *somnambulisme* (maladie nerveuse), le *sujet,* à l'état de *somnambulisme provoqué,* ne se rappelle aucunement des *suggestions* qui lui ont été faites.

Pour mettre un *sujet* à l'*état de somnambulisme,* il faut qu'il ait passé, si cela est possible, par la *fascination* et la *catalepsie,* au moins *partielle,* son état d'*hypnose* n'en sera que plus *profond.*

Pour que vous obteniez une plus grande facilité dans vos *suggestions,* il sera nécessaire d'appliquer la main sur la *tête du sujet :* vos doigts sur le vertex et votre pouce sur l'une des tempes.

Avant de commencer vos *suggestions,* il faudra vous assurer que la bouche n'est nullement *contracturée ;* et, si elle l'était par un *simple attouchement,* vous la *décontractureriez.*

Dites alors à votre sujet :

« *Vous n'entendez personne, sinon que* « *moi,* vous *m'entendez très bien,* et vous « *pouvez me répondre...*

« Entendez-vous cette belle musique, qui « passe dans la rue?... »

Il est *probable* que le *sujet* vous répondra : « Non ! » pour *commencer*.

Vous lui dites :

« Moi, *je l'entends*... Vous *l'entendez* « *aussi*, n'est ce pas ?... Vous *l'entendez* « *bien*... *Quel air joue-t-on ?*... *Connaissez-* « *vous ce morceau ?*... »

Le *sujet vous répondra très probablement* : « *Oui*. »

Vous le *laisserez alors* vous *donner* les *descriptions* de ce qu'*il aura réellement cru entendre*.

Pour faire cesser *cette expérience*, vous dites à votre *sujet* :

« *On n'entend plus rien maintenant*... « *La musique est partie*. »

Autre expérience

Vous dites à votre sujet :

« Nous *allons aux courses*... Nous approchons de l'*hippodrome*... Nous *sommes* « *arrivés*... *Voyez tout ce monde aux tri-* « *bunes*... Remarquez ces belles toi- « lettes, etc... »

Le sujet vous répond :

« Oh ! oui, il y a *beaucoup de monde*... »

Puis, à nouveau, vous lui dites :

« Voici le *coup de cloche*... Les *chevaux*
« *vont partir... Ils partent...* »

Vous *verrez votre sujet suivre* la *course
des yeux*, comme si *ceux-ci* étaient *ouverts,
faire des mouvements de tête très pro-
noncés, absolument comme quelqu'un*
qui *cherche à voir* et qu'un *obstacle le
gêne.*

Pour une *course de taureaux* : *mêmes
péripéties.*

Vous *pourrez juger*, par les *réponses du
sujet*, s'il *aime plus* ou *moins* ces *sortes
de spectacles.*

Expériences du chaud et du froid.

Vous dites encore à votre sujet :
« Oh !... qu'*il fait chaud ici !... On y*
« *étouffe !...* »

Vous le *verrez aussitôt*, — si c'est un
jeune homme, — *retirer bien vite son
habit, sa cravate, etc.*, et *aspirer fortement l'air.*

Vous *procédez* de *même façon pour le
froid.* Vous le *verrez alors vivement se
vêtir, frapper du pied* et *souffler sur ses
doigts*, etc...

Si *vous voulez faire une expérience* qui

porte à *l'hilarité,* vous n'avez qu'à lui dire :

« Mais *vous avez le feu sur vous…* « *Votre paletot brûle!…* » Vous *verrez* qu'il le *retirera vivement.* Vous continuez : « Votre *gilet brûle!…* » Même manège.

Vous lui dites alors : « Mais votre *panta-* « *lon brûle aussi!…* Il *essaiera aussitôt,* par pudeur, d'*éteindre* le *côté* qu'il *croira voir* brûler ; mais si vous réitérez la *suggestion plusieurs fois,* il *déboutonnera son pantalon… Vous l'arrêterez* aussitôt en lui disant : « *C'est éteint.* » Mais cela sans *perdre de temps.*

Ou encore vous *lui faites croire* qu'il a *retiré son pantalon* et qu'il y a *des dames devant lui.* Vous le *verrez bien vite* se *cacher avec les mains,* comme il le *pourra.*

Vous lui donnez immédiatement son paletot en lui disant : « *Mettez bien vite votre pantalon.* » et, au grand *étonnement des spectateurs,* il *essaiera* de *passer ses jambes* dans *les manches du paletot,* etc.

Expériences du rire et de la tristesse.

Les expériences *du rire* et de *la tris-*

tesse produisent toujours beaucoup d'effet sur *les spectateurs.*

Pour *obtenir* ces *expériences,* vous *vous mettez en rapport avec votre* sujet, comme pour les *autres suggestions;* et si cela *est possible,* vous lui *suggérerez* une *scène comique* que vous *croirez* qu'il *a vue:* les *effets* en seront plus *caractérisés* que *d'improviser* une *scène quelconque.*

Exemple: Vous êtes *censé assister* à une *représentation* dans un Cirque:

Vous dites à votre sujet: « Voyez *ces* « *clowns, comme ils sont curieux,* qu'ils « sont amusants! comme ils font rire! » et vous *réitérez* plusieurs fois *votre suggestion,* jusqu'à ce que *votre sujet rit aux éclats.*

Pour la tristesse, vous *lui dites* que *vous êtes* à un *enterrement,* et si vous ne voulez pas employer cette *expression macabre,* vous lui dites: « Vous êtes *bien* « *triste !* Moi aussi! et tout le *monde* est « *triste !* » Vous verrez alors qu'au *bout d'un instant,* les larmes *couleront* sur les joues *du sujet.*

On peut *également produire l'expérience* avec *2 sujets,* ce qui est beaucoup *plus drôle :*

Vous les *mettez face à face ;* vous suggérez à l'un: Qu'il *est bien triste,* et, à l'autre, qu'il *est très gai,* etc.

Vous pourrez vous rendre compte de l'hilarité générale des spectateurs.

Ensuite, vous pourrez dire à l'un *des sujets,* qu'il a une *très jolie voix,* qu'il est *artiste à l'Opéra,* et qu'il vous *chante un morceau sentimental, dès que* vous lui en *ferez le commandement.*

Vous dites *à l'autre sujet :* Qu'il est l'artiste Paulus, des *Concerts Parisiens,* et qu'à votre *commandement* il *chantera* un *morceau* des *plus comiques.*

Vous remarquerez que *chacun* des sujets *poursuivra l'air* qu'il aura *commencé,* et sans *se tromper ;* le *contraste* sera des *plus curieux,* à un point que les *spectateurs partiront tous d'un fou rire.*

Après, *vous suggérerez à l'un des sujets :* Qu'il est *premier Ministre,* en *répétant les suggestions,* jusqu'à ce qu'il soit bien convaincu qu'il *l'est réellement, et* qu'il va être *interpellé à la Chambre* par un *député,* et qu'il *répondra à l'interpellateur.* A *l'autre sujet,* vous lui *ferez croire qu'il* est *député,* qu'il est à *la Chambre* et qu'il va *interpeller le Ministère.*

Vous pourrez *alors juger du talent* oratoire, que vous ne *supposiez nullement* chez vos sujets.

Pour que *l'expérience réussisse bien*, il sera *très utile, chaque fois que vous* ferez une *suggestion de ce genre* à un *sujet*, de **dire préalablement** à **l'autre** : « Qu'il va **être sourd** pendant *une ou deux* « *minutes*, et qu'il *n'entendra personne*. »

Vous pourrez produire cette *dernière expérience*, soit que les *yeux* de votre sujet *soient ouverts ou fermés*.

Toutefois, *par les expériences* que vous *aurez faites préalablement*, vous *tâcherez* de vous *rendre compte* que *vos sujets* sont bien à *l'état inconscient*.

Changement de Sexe

Avec deux sujets, vous pouvez faire et obtenir le *changement de sexe*; *momentané* chez *l'un de vos sujets*, en lui disant :

« Qu'il s'appelle Madame X..., qu'il a un « *jeune enfant de trois mois* qui est *en* « *nourrice*; que dans *quelques jours*, (que « vous *faites passer rapidement* dans *l'ima-* « *gination du sujet*,) la *nourrice* viendra « lui *rendre visite* avec *son enfant*. »

Vous dites à l'autre sujet : « qu'il est
« *le mari de Madame X...* et que cette
« dernière a un *très mauvais caractère ;*
« qu'elle veut *diriger la maison* et qu'elle
« l'administre mal. »

De là, *dans toutes les suggestions* que
vous ferez aux *prétendus époux,* vous
verrez qu'il y aura *contradiction entr'eux,*
et qu'ils ne seront *jamais d'accord.*

Vous procèderez alors à la scène de la
nourrice et de l'enfant en disant :

« Madame X..., voici la nourrice qui
« amène votre enfant. » Vous *aurez préa-*
lablement, (pour que *la scène soit plus*
frappante,) fait une espèce de poupon avec
plusieurs serviettes ; — ou vous vous
servirez d'une *grande poupée. —* « Voici
« votre enfant ! Oh ! qu'il est joli ce bébé !
« Tenez, prenez-le ! Vous l'aimez bien ! »

Vous verrez aussitôt le sujet *embrasser*
un certain nombre de fois le « *poupard* »,
que vous aurez plus ou moins bien confec-
tionné.

Vous continuez : « Tiens, mais votre
« bébé n'est pas toujours très sage ! Voilà
« qu'il pleure et qu'il crie ! Il crie encore
« plus fort ! Il a peut-être faim ! Donnez-
« lui donc le sein ! »

Ici, se *passera* une *scène* des plus comiques ! — Votre sujet (masculin) *déboutonnera son gilet, croira allaiter réellement* son enfant et le *regardera téter* en souriant.

C'est à *ce moment* que vous *faites entrer* le *prétendu mari* dans *la scène*.

Vous dites au mari : « Qu'il y a *beau-* « *coup de monde ici*, que sa femme n'a « pas craint de *dégrafer* son corsage, et « qu'elle est *en train de montrer* ses « beaux seins aux personnes qui l'entou- « rent, dans le but très probable de se « *faire remarquer*, soit de M. Y... ou de « M. Z... »

Immédiatement après ces *suggestions*, vous *mettez vos deux sujets* en rapport et vous pourrez assister à une *scène* de *jalousie des plus compliquées*.

Mais, en faisant *cette expérience*, vous aurez soin de *rester constamment près de vos sujets*, de façon à pouvoir *intervenir* au *moment opportun*.

Si vous *n'avez qu'un seul sujet* à *votre disposition*, vous pouvez néanmoins *tenter* la *même expérience*, en *donnant pour mari, à ce sujet*, un *spectateur* ou *un de vos intimes*, à qui *vous pourrez dans la* scène de jalousie faire appliquer une ou plusieurs gifles par sa prétendue femme.

Lorsque votre sujet *sera réveillé*, vous lui direz qu'il a giflé M. V... Vous le verrez alors *tout étonné, tout ébahi*, ne *sachant ce qu'on lui dit*, si toutefois vous *avez pu obtenir* un *degré d'hypnose assez profond*, pour qu'il *ne se rappelle pas*.

Autre Suggestion. — Lion, ours, singe, etc.

Si vous *voulez faire assister* l'auditoire à un *spectacle de ménagerie*, vous n'*aurez qu'à suggérer* à *vos sujets*, que l'*un* est *un lion*, et l'autre *un ours*.

Vous verrez aussitôt vos sujets se *baisser* et *prendre la position des quadrupèdes*. A chacun, vous *donnerez alors un nom ;* vous vous *improviserez dompteur*, pour la circonstance, et vous pourrez *faire travailler vos féroces animaux d'un genre nouveau*.

Si vous *n'avez qu'un seul sujet à votre disposition*, vous lui *suggérerez comme ci-dessous :*

Exemple : « Qui *êtes-vous ? —* Je suis « *un tel ! —* Non ! vous *n'êtes pas un tel !*

« — *Vous êtes un singe*, mais un *singe*
« *très doux*, et *pas méchant !* »

Cette *précaution de dire à votre sujet*,
qu'il n'*est pas méchant*, sera d'une *grande
utilité*, car autrement il *pourrait arriver*
qu'il *saute sur les dames de l'assistance*
et qu'il les morde.

Pour vous rendre compte que votre sujet
se croit être réellement un singe, vous
n'*aurez qu'à lui prés nter des noix* ou
des noisettes ; vous *l verrez en manger
une partie, et s'en réserver ensuite l'autre
partie dans la bouche.*

*Avant de réveiller votre sujet, ne pas
oublier d'avoir la précaution* de lui
suggérer :

« Qu'il n'est plus un singe, et qu'il va
« reprendre son état normal. »

De la force physique décuplée chez les sujets.

Il est *une expérience des* plus *con-
cluantes*, qui, si elle n'arrive pas à *convaincre* les *plus sceptiques*, elle les *fera
du moins réfléchir :*

C'est la *force physique décuplée chez les
sujets.*

Cette expérience, vous pourrez la présenter sur un sujet à *l'état de fascination*, mais de *préférence, sur un sujet* à l'état de *somnambulisme :* les effets en *seront plus nets.*

Vous prierez la personne la plus lourde de *la société,* (pèserait-elle même au-delà de 100 kilog.), de bien *vouloir se placer devant le sujet.*

Vous direz à *ce dernier :* « Vous *avez* « *un enfant devant vous.* Il ne *pèse que* « *20 kilog.!* Vous allez *l'enlever* et lui « *faire faire le tour de la table.* »

Vous *verrez* alors que, sans *efforts apparents,* votre *sujet enlèvera cette personne* et *la promènera autour de la table,* comme si *elle ne pesait réellement que 20 kilog.*

Certainement *votre sujet,* à *l'état de veille* et n'étant sous *l'influence d'aucune suggestion hypnotique,* ne *pourrait nullement bouger de place* la *personne* qu'il aura *enlevée pendant son état d'hypnose.*

La *contre-partie* de *l'expérience* est de *faire venir un enfant devant votre sujet,* en suggérant à celui-ci :

« Qu'il a devant lui *une personne très*

« *lourde*, pesant environ 150 kilog., et *qu'il*
« faut *qu'il* vous *l'amène.* »

Vous *verrez votre sujet faire des efforts
considérables*, ses *muscles se contracter
très visiblement*, en *cherchant* à *enlever
l'enfant*, qu'il ne pourra *soulever de terre*,
comme si *cet enfant pesait réellement le
poids* annoncé de 150 kilog.

De l'Ivresse provoquée avec un verre d'eau.

Il ne faut pas croire ici, chers lecteurs,
que *l'expérience* que je vais relater se *rapporte* à celle de *certains prétendus gué-
risseurs* qui, *soi-disant, magnétisaient* un
verre d'eau et le *donnaient ensuite aux
malades...* Si *cela ne leur faisait pas de
bien, cela ne leur faisait, non plus, pas de
mal.*

Mais comme l'*imagination joue un grand
rôle* dans *cette vie humaine*, il *est arrivé
que certains malades* ont été *guéris* par de
l'eau simple, de l' «*Aqua simplex*», comme
le disent si bien les pharmaciens.

Pour *griser mon sujet*, je n'ai simplement *recours* qu'à *la suggestion.*

Je prends un *verre d'eau* et je le lui *présente* en disant :

« Qu'il a *bien soif* et qu'il *a une envie*
« *folle de boire du champagne* ».

Il *boira* et *trouvera* le champagne *un
peu plat.*

Je n'aurai qu'à lui dire :

« Qu'il *est très bon* et *très fort ;* lorsqu'on
« en a bu *un verre*, on est *ivre* ».

Quelques secondes après, il *titubera* absolument comme quelqu'un qui est *réellement ivre.*

Pour faire cesser cette *ivresse artificielle*,
je lui *passe un autre verre d'eau sous le
nez en lui disant que c'est* de *l'ammoniaque.* Il sera alors *dégrisé* comme par enchantement.

Je lui dis ensuite :

« Voilà ce que c'est d'*avoir un peu trop*
« *bu.* Vous avez maintenant *mal au cœur,*
« mais ce n'*est rien...* Cela va se *passer*
« quand vous aurez *bu ce petit verre de*
« *Chartreuse* ».

Mais, au lieu de lui *donner de la Chartreuse*, je lui donne alors un verre contenant de *l'huile de foie de morue*, qu'il *savourera avec délices*, croyant réellement
que c'est de la Chartreuse.

Cette expérience a cet avantage: c'est que, si le sujet que j'*hypnotise* a réellement besoin d'huile de foie de morue, il *pourra* facilement en boire sans qu'il *en ressente* le gout désagréable.

Pomme de terre changée en pêche.

Je prends une *pomme de terre crue*, ayant été *lavée* préalablement pour *éviter* les accidents de l'*ascepsie*.

Je dis à mon sujet:

« J'ai *reçu* d'Afrique un *colis de superbes* « *pêches, de vraies primeurs* ».

Je lui présente la *pomme de terre* en lui disant:

« Qu'il *aime bien les pêches ; que celle* « *que je lui offre sent très bon* et *qu'il va* « *la manger* ».

Il *dévorera* à belles dents *cette pomme de terre*, comme si *c'était réellement* la pêche annoncée.

Pour ne pas la *lui laisser complètement manger*, je lui dis :

« Il y a un gros vers dedans ».

Il *rejettera* aussitôt avec dégoût *ce qui lui reste dans la bouche*.

Ensuite, je lui *suggère:*

« Qu'il lui est *resté* un morceau de noyau
« dans une dent et que cela lui *fait mainte-*
« *nant bien mal* ».

Je lui *propose* de la lui arracher, tout en
ayant soin de ne pas lui *introduire* mon
doigt dans la bouche.

Il y *consent* après quelques hésitations et,
au moment où je lui dis : « *Je vous l'ar-*
rache », il *pousse un cri effroyable,* comme
si *réellement* je la lui avais enlevée.

Les *suggestions* que je viens de vous citer sont certainement *des plus intéres-*
santes au point de vue *démonstratif,* ainsi
qu'au point de vue *récréatif;* mais vous
pouvez vous en *servir* dans *certains cas*
et beaucoup *plus utilement,* tel que celui-ci :

Si un sujet avait *véritablement mal aux*
dents et qu'il soit *nécessaire* de lui en faire
arracher, vous n'auriez qu'à *l'hypnotiser*
et lui *poser* un doigt sur la partie malade
en lui disant:

« Vos gencives sont *insensibles,* le den-
« tiste va vous *arracher* la dent malade ;
« vous ne *sentirez* absolument rien et vous
« ne *bougerez* pas ».

L'*opération se fera sans que le sujet ne*
bouge, sans qu'il ne ressente rien, et, pour

cela, sans avoir aucunement *recours à l'anesthésie par la cocaïne.*

Il est aussi une *suggestion* qui *frappe* beaucoup l'esprit des spectateurs.

C'est de dire à votre sujet :

« *Vous êtes au bord de la mer...* Voyez « ce petit enfant qui vient de *tomber à* « *l'eau.* Il va se *noyer...* Vous *savez nager,* « allez donc *vite* à son secours. »

Vous verrez *aussitôt* le sujet se *jeter* à plat ventre sur le tapis recouvrant le parquet, *nager* et *prendre* ce qu'il trouvera à proximité de sa main, comme si *c'était bien l'enfant* qu'il ramène.

Pour cette expérience, l'opérateur devra prendre les précautions suivantes :

Se tenir *toujours près de son sujet,* en lui recommandant de ne pas *piquer* une tête en avant, et d'*éviter* qu'il y ait des objets quelconques devant lui, de crainte qu'il ne se blesse.

Les *suggestions,* étant multiples, peuvent se *varier* à l'infini, suivant l'idée de l'opérateur et des moyens qu'il dispose suivant le lieu où il se trouve, ainsi que des personnes qui l'environnent.

L'opérateur devra également tenir compte

de ne pas *faire trop d'expériences*, dans la *même séance*, sur le *même sujet*, ou alors de prendre la précaution de le *réveiller* tous les *quarts d'heure*.

De l'Hallucination provoquée.

Pour obtenir l'*Hallucination*, qui ne réussit que dans une proportion de 27 à 30 0/0 chez les sujets à l'*état hypnotique*, il faut d'abord obtenir l'*état de somnambulisme* et, ensuite, procéder de la manière suivante :

Vous faites *subir* à votre sujet quelques *expériences de suggestion* pour qu'il acquière un *degré d'hypnose* assez accentué, et vous lui *suggérez à haute voix* de se *transporter* dans un endroit que vous lui désignerez, en lui disant :

« Vous allez voir ce qui se passe à X..., « chez M. Y... ».

Si le sujet répond qu'il ne voit pas, vous lui direz : « Cherchez bien », et, certainement, il verra.

Lorsque le sujet verra, il *commencera à vous raconter lentement* et peut-être *pendant très longtemps* une scène de la vie ordinaire : gaie, triste ou tragique, qui se sera *plus* ou *moins réellement passée*.

Vous devrez *observer*, surtout, si ce que vous raconte le sujet est *tragique* et vous rendre compte si cela *l'émeut par trop*.

Dans ce cas, je vous engagerai d'*arrêter* cette scène, qui pourrait *provoquer chez lui certains troubles regrettables*.

J'ai constaté dans l'*hallucination provoquée* chez un grand nombre de sujets, soit bien *constitués*, soit *névrosés*, qu'*un seul*, environ sur *1,000, avait dit l'exacte vérité*. Et, encore, lorsque l'on voulait *reproduire* l'expérience, elle ne *réussissait plus aussi bien*.

Néanmoins, il faut s'incliner devant les faits, *si rares qu'ils soient*, et en *reconnaître la réalité*, tout en avouant l'impuissance à *décrire les causes qu'ils déterminent*.

Je vous *relaterai* du reste, plus loin, *certains cas spéciaux* que j'ai expérimentés et constatés un peu partout.

De l'Influence de la Musique sur les sujets hypnotisés. — Extase.

La Musique a une influence considérable chez presque tous les sujets hypnotisés ; elle leur fait obtenir des poses les plus bizarres et obtenir une physionomie des plus ravissantes !

Elle leur donne ce ravissement de cette force vibratoire (que l'on ne peut encore analyser !) qui se trouve comme transportée du corps vers les Régions Célestes.

Pour obtenir des expressions extatiques, qui sont pour la vue des expériences d'une infinie douceur et d'une idéale beauté il faut trouver dans l'assistance un musicien-pianiste que vous prierez d'exécuter certains morceaux, plus ou moins gais, plus ou moins mystiques, et plus ou moins lentement, selon le temps que le sujet mettra à exécuter, par différentes poses et par changements de physionomie, les expressions de la musique.

Lorsque l'opérateur jugera que son sujet a une pose suffisamment belle, il fera signe au pianiste de cesser son morceau : le sujet se trouvera ainsi en *Hémi-Catalepsie*.

Si le pianiste joue *une valse*, au bout d'un instant le *sujet se mettra à danser ;* si au contraire, il *joue une Marche funèbre*, cela produira *une grande tristesse chez le sujet*, jusqu'à même provoquer des larmes.

De même, que si le morceau est très gai, le visage reflétera une joie profonde,

En somme, toute la musique, selon le
genre des morceaux, est capable de trans-
figurer complètement tous les sujets.

Si vous *n'avez à votre disposition*, ni
piano ni *pianiste*, il *faut agir par suggestion*, de la manière suivante, en disant à
votre sujet :

« *Dans une minute, vous vous trouverez*
« *dans une église ; et vous ouvrirez les*
« *yeux (si toutefois le sujet a les yeux*
« *fermés) et vous verrez la Sainte*
« *Vierge à son autel : elle sera belle et*
« *vous regardera en souriant.* »

Votre sujet, aussitôt la minute écoulée,
cherchera des yeux un point (comme si
c'était réellement l'autel) s'agenouillera
et prendra une physionomie des plus
radieuses !

Pour faire cesser cet état, et si vous
voulez obtenir différentes poses chez votre
sujet, vous n'aurez qu'à lui placer votre
index entre les yeux.

Si vous élevez votre doigt en l'air, à une
hauteur dépassant un peu celle du sujet,
vous verrez aussitôt ce dernier se lever
sur la pointe des pieds, comme si son
corps devenait plus léger et semblait prêt
à s'élever de terre ; si, au contraire, vous

abaissez votre doigt en arrière de la tête du sujet, celui-ci prendra une position que les plus forts gymnasiarques ne sauraient tenir, le centre de gravité se trouvant déplacé. — Ceci ne peut s'expliquer que par les lois du Magnétisme, qui agit sur le sujet pendant son sommeil hypnotique.

De l'Hypéresthésie (Sensibilité) de l'ouïe, de la vue et de l'odorat. — Stigmates

L'*Hypéresthésie générale* s'obtient assez facilement et peut s'obtenir sur un grand nombre de sujets ayant passé toutefois préalablement par les expériences de la Catalepsie.

Pour obtenir cet état, il faut procéder ainsi :

« Bien se rendre compte que le sujet
« n'est plus contracturé (cataleptisé), et se
« mettre en rapport avec lui par la Sug-
« gestion verbale, sans oublier, pour obte-
« nir une prompte réponse, de lui appliquer
« la main sur le vertex (sommet de la tête)
« en disant au sujet à haute voix :

« Vous m'entendez très bien, et vous êtes
« très sensible de l'ouïe. Vous allez me

« répéter ce que l'on dit tout bas, au bout
« du Salon ! »

Vous prierez alors deux personnes de l'assistance de bien vouloir aller tenir une conversation à voix basse, à une certaine distance du sujet, de manière que l'opérateur ne puisse entendre, lui aussi, ce qu'elles diront; tandis que votre sujet, s'il est suffisamment sensible, vous répétera mot pour mot la conversation qui aura été tenue.

Une autre expérience qui réussit plus souvent que celle ci-dessus, et qui agit beaucoup mieux sur les cellules impressionnées, *c'est de prendre* une montre ayant un mouvement assez fort, ou un *chronographe, et de le tenir dans la main, à une distance de 7 ou 8 mètres du sujet, le cadran étant tourné vers celui-ci, après lui avoir suggéré verbalement qu'il l'entendra très bien et qu'il le dira à haute voix.*

Pour que l'expérience soit plus concluante, il sera *nécessaire d'alterner*, de faire marcher et d'arrêter les mouvements du chronographe ou de la montre.

Si le sujet n'entendait pas, il serait utile de rapprocher graduellement, soit la montre ou le chronographe que vous auriez;

mais vous pourrez vous rendre compte, par
vous-même, que si le sujet entend à 8 mètres de distance, les spectateurs entendront
à peine à 2 ou 3 mètres.

L'explication de cette expérience ne peut
se donner qu'ainsi :

« J'ai remarqué dans bien des circons-
« tances que l'ouïe des sujets à l'état
« hypnotique était très sensible aux vi-
« brations d'un bruit de frottement métal-
« lique. »

L'expérience de l'Hypéresthésie de l'ouïe
peut rendre de très grands services au
point de vue thérapeutique. En effet, si, par
hasard, un membre de votre famille était
atteint de surdité, vous pourriez, par des
expériences réitérées, lui rendre pour l'état
de veille la sensibilité perdue.

La sensibilité au-delà de la vue, que nous
n'avons et ne pouvons avoir à l'état de veille,
est un fait des plus curieux que l'on ne
s'explique pas encore bien, mais dont les
résultats sont néanmoins des plus con-
cluants.

Exemple : Vous prenez cinq ou six cartes
de-visite, blanches, indemnes de nom et absolument semblables, que vous numérote-
rez chacune sur un coin, par l'un des chif-

fres suivants : 1, 2, 3, 4, 5 et 6. Vous con-
viendrez préalablement avec l'assistance que
le numéro 1 devra représenter le portrait
de Madame X... (que le sujet connaîtra
bien entendu) ; le numéro 2, M. X... ; le
numéro 3, Mademoiselle Y..., etc. ; en un
mot, 6 portraits que vous aurez convenus et
que devront représenter les cartes par leur
numéro d'ordre.

Vous commencez ainsi l'expérience, en
disant à votre sujet :

« Vous allez ouvrir les yeux ! Vous se-
« rez très sensible de la vue ! » (On aura
parfaitement compris qu'à ce moment, le
sujet se trouvera à l'état de somnambulisme
provoqué.)

Vous lui présenterez ensuite les cartes en
commençant par le numéro 1, en mettant
bien entendu le numéro en dessous, pour
que cela paraisse plus concluant, — Mais
ceci est superflu, d'autant plus que, si le
numéro se trouvait au-dessus, cela ne ferait rien pour le sujet qui ignore et doit
ignorer votre convention.

Puis, vous lui dites :

« Tenez, voici la photographie de Mme
« X.. ; vous la reconnaissez bien, n'est-ce
« pas ? »

Et, lorsque le sujet vous aura donné un signe d'assentiment, vous passerez à la seconde, et ainsi des autres, en procédant de la même manière.

Lorsque vous arriverez à la dernière carte, vous les mêlerez bien, comme on fait pour un jeu de cartes.

Après les avoir bien mêlées, vous prierez une personne de l'assistance de vous en donner une, toutefois sans regarder le numéro conventionnel.

Vous représenterez alors la carte à votre sujet en lui disant:

« Vous reconnaissez ce portrait? Dites-« moi qui c'est. »

Vous pourrez constater après la réponse du sujet, par le numéro conventionnel que portera la carte, que celui-ci ne s'est nullement trompé et a parfaitement reconnu dans son imagination le prétendu portrait.

Pour faciliter l'expérience, vous pourrez aussi procéder de la manière suivante :

Prendre 5 ou 6 cartes, comme je l'ai indiqué ci-dessus, et *convenir* qu'un des numéros sera le portrait d'une personne que le sujet connaît, et *que les 5 autres cartes,* quoique numérotées, *seront neutres* et représenteront pour le sujet des cartes blanches; vous prendrez ensuite le numéro convenu, et suggérerez verbalement à votre sujet :

« Que c'est le portrait de Mademoiselle
« A..., qu'elle le reconnaîtra bien, et le re-
« trouvera dans les cartes que vous lui re-
« présenterez. »

De cette façon et en procédant ainsi, l'expérience réussira parfaitement.

Si l'opération est bien exécutée de la manière que je viens d'indiquer, il faut écarter toute idée de suggestion de la part de l'opérateur ; et, c'est par une remarque quelconque que nous ne pouvons avoir à l'état de veille, que le sujet prend son point de repère par cette sensibilité que vous lui aurez donnée dans la vue, et dont les causes en sont encore mystérieuses.

Pour obtenir la sensibilité de l'odorat, vous provoquez d'abord l'éternuement chez votre sujet en lui disant :

« Qu'il a envie d'éternuer ! »

Vous le verrez aussitôt se moucher, comme s'il le faisait naturellement, et vous lui direz :

« Qu'il a un très bon odorat, et qu'il sen-
« tira parfaitement très bien tout ce qu'on
« lui présentera. »

Ensuite, vous prierez une des personnes de l'assistance de vous apporter, soit une bouteille, soit un flacon renfermant une liqueur ou un liquide quelconque (mais sans aucune étiquette et fermé par un bouchon de liège.)

Présentant alors à votre sujet cette bouteille ou ce flacon (dont il n'est pas nécessaire que l'opérateur en sache le contenu), vous lui direz :

« Voici une liqueur que je ne connais « pas; vous allez me dire ce que c'est, car « je voudrais bien en goûter. »

Immédiatement après, le sujet dira exactement le nom de la liqueur contenue dans le flacon que vous lui aurez présenté.

Cette expérience, que nulle personne à l'état de veille ne pourrait accomplir, ne peut s'expliquer chez le sujet que par l'*hypéresthésie* que vous aurez provoquée sur son odorat.

———

Avant de vous donner la description et la manière d'opérer pour obtenir des Stigmates, je dois vous dire qu'il y a: *Stigmates et Stigmates*.

Dans l'art médical, quand on parle des

Stigmatisées, on entend désigner par ce mot des Hystériques qui ont des Stigmates; mais, chez ces dernières, ce phénomène qui se produit n'a pas la même origine que le mot désigné dans les Dictionnaires.

En effet, chez les hystériques, les stigmates sont des cas pathologiques et ne sont pas alors provoqués. Ce sont des gouttelettes de sang qui leur sortent des veines, absolument comme notre peau secrète de la sueur.

Il va sans dire que l'on peut provoquer très facilement chez ces névrosées les *mêmes cas* par *l'Hypnotisme*, *mais décuplés*.

On appelait aussi autrefois *Stigmates de feu*, la brûlure produite par le fer rouge que l'on appliquait aux forçats condamnés aux travaux forcés.

Les stigmates, chers lecteurs, que vous pourrez tenter d'expérimenter, sont ceux-ci:

« De produire, avec un morceau de pa-
« pier gommé, l'ecchymose de la vésica-
« tion, ou simplement avec ce même
« papier, la rougeur d'un sinapisme à la
« moutarde. »

Exemple :

Il faut, pour cela, que votre sujet ait été

hypnotisé plusieurs fois. Après l'avoir fait
passer par la Phase du somnambulisme,
vous lui faites acquérir un état d'hypéresthésie en lui suggérant verbalement :

« Que vous allez lui appliquer sur le
« bras un sinapisme à la moutarde ou un
« vésicatoire, et que ceux-ci prendront une
« demi-heure ou trois quarts d'heure après
« leur application, en suggérant à votre
« sujet, si toutefois vous le réveillez, *qu'il*
» *ne se rappellera de rien.* »

Bien entendu, au lieu du vésicatoire et
du sinapisme, vous appliquez un simple
morceau de papier gommé.

Après le laps de temps écoulé, vous pourrez vous rendre compte si l'expérience a
réussi.

Avis important. — Il faut éviter, en faisant la suggestion, de dire au sujet « *qu'il
a mal au bras* », car, *après son réveil*, le
sujet pourrait alors réellement souffrir du
bras.

En opérant comme ci-dessus au point de
vue thérapeutique, cette suggestion et l'hypéresthésie, que l'on obtient par l'Hypnotisme, pourrait devenir d'un grand secours
aux malades chez qui les révulsifs ne pren-
draient pas.

Suggestion mentale et Suggestion post-hypnotique.

La *Suggestion mentale*, ou autrement dit la *Transmission de la pensée*, est une expérience qui ne réussit *presque jamais* sur *les sujets réellement hypnotisés*.

Quand elle réussit, on obtient de minimes résultats, tels que celui-ci, par exemple :

De faire répéter un mot que vous lisez mentalement; mais c'est après une attente d'au moins une demi-heure, et même plus, que le sujet arrive à prononcer le mot.

Pourtant, me direz-vous, j'ai vu faire et exécuter à des sujets différents actes que les spectateurs demandaient à l'opérateur et, immédiatement, les sujets exécutaient ce qui leur avait été demandé !

A ceci, je ferai remarquer que si *j'ai dit plus haut que la Suggestion mentale ne réussissait presque jamais sur les sujets hypnotisés, c'est à dessein* que j'ai employé ces mots : *réellement hypnotisés.*

En effet, ces expériences, qui ont eu le don d'émouvoir si fortement le public, n'ont absolument aucun rapport, ni aucune corrélation quelconque avec les expériences

réellement scientifiques de l'Hypnotisme,
car tout ce qui s'est fait entièrement jusqu'à
ce jour (et que l'on s'est bien gardé, et pour
cause, d'en expliquer les causes au public)
n'était tout simplement et uniquement que
des *Tours de passe-passe*, des *Tours de
prestidigitation* plus ou moins *habilement
exécutés* et *surtout sur des sujets* qui
n'étaient aucunement hypnotisés.

Là dessus, pour expliquer comment les
choses se passaient et se passent encore
actuellement, je me vois obligé, dans l'intérêt de mes lecteurs et pour leur complète
édification, d'entrer dans de certains et
longs détails, que je relaterai néanmoins
avec plaisir pour qu'à l'avenir ils ne soient
plus bernés ni mystifiés, comme ils l'ont
été jusqu'ici par de prétendus soi-disant
hypnotiseurs qui n'avaient, en réalité, de
rapport *avec l'Hypnotisme* que le nom
qu'ils empruntaient et exploitaient pour
leur plus grand profit.

Tout d'abord, le *sujet prétendu hypnotisé* ne l'était pas.

On lui plaçait, pour la circonstance, un
masque sur le visage, que l'on prenait la
précaution ou plutôt l'habileté de faire voir
très vivement au public, de façon que tous

les spectateurs fusssent bien convaincus par eux-mêmes que *le sujet ne voyait aucunement* avec *ce masque,* mais on avait soin que le sujet fût placé à une très grande distance de l'opérateur, soit généralement au fond de la salle et *tourné alors vers ce dernier.*

Puis, par un geste (qui paraît être toujours le même pour le public, mais qui, en réalité, ne l'est pas au fond, puisque c'est précisément là-dessus *qu'est basée toute la Méthode de l'opérateur, à son prétendu sujet),* il *donnait l'indication* d'un *numéro* de leur *répertoire* qui, ma foi) comme je l'ai dit déjà plus haut, *n'a absolument aucun rapport avec l'Hypnotisme et la Suggestion)* avait néanmoins un certain mérite et l'aurait encore eu davantage s'il l'avait présenté sous son véritable jour, soit comme « *Mnémotechnie,* » mais non comme il la présentait.

Il est vrai qu'il est bon de faire remarquer qu'à l'annonce d'*une séance de Mnémotechnie,* le public ne se serait guère empressé de s'y rendre comme à une *séance d'Hypnotisme et de Suggestion.*

Pour vous convaincre de ce que j'avance, lorsque vous aurez l'occasion d'assister à

ces *sortes de séance*, vous n'aurez tout simplement qu'à présenter à l'opérateur une
carte de visite quelconque, en le priant
de *faire dire à son sujet le libellé de
la dite carte.*

Vous verrez aussitôt l'opérateur *chercher
un faux-fuyant* et *passer outre à votre demande*, par la raison toute naturelle *que
n'étant pas dans le répertoire de l'opérateur et du prétendu sujet*, ce dernier ne
peut l'exécuter.

Il est aussi un autre moyen, encore bien
plus simple à employer et qui démontrera
surabondamment que ce que j'avance est
l'expression exacte de la vérité.

C'est de prier l'opérateur de *placer son
sujet*, le dos tourné au public. Vous verrez
aussi qu'il ne le *voudra également pas,*
qu'il *cherchera un faux-fuyant*, comme
pour la carte de visite, et qu'il vous *dira*
très probablement :

« Pourquoi voulez-vous que je place mon
« sujet ainsi ?... puisqu'il a un masque qui
« l'empêche de voir ».

Profitant aussitôt de l'occasion de ce
qu'il vous parle de *masque*, demandez
lui donc à le voir et examinez le bien atten-
tivement et méticuleusement.

En l'examinant donc ainsi, bien minutieusement, vous ne pourrez pas moins faire que de *remarquer deux petits trous*, pratiqués juste à la place des yeux, de la grosseur d'une tête d'épingle, lesquels petits trous, en raison de l'éloignement de l'opérateur à son sujet, atteindront une dimension suffisante pour permettre à ce dernier, placé au fond de la salle et alors tourné vers l'opérateur, de distinguer parfaitement tous les gestes et tous les signes plus ou moins imperceptibles que celui-ci lui fera de l'autre extrémité de la salle.

Il est aussi bon de se méfier des expériences dans lesquelles on présente un sujet *ayant un bandeau sur les yeux.*

Mieux vaut qu'il n'y ait pas de bandeau, car on peut se rendre compte *de visu* et par soi-même si les yeux du sujet sont *réellement ouverts* ou *fermés.*

La *suggestion post-hypnotique*, c'est-à-dire : *suggestion qui a été suggérée pendant le sommeil du sujet* et qui se reproduit à *l'état de veille*, ou encore, comme je l'ai entendu *nommer par certains amateurs : Suggestion à échéance*, est une expérience qui a soulevé bien des polémiques dont je donnerai plus loin, en relatant *certains cas*, de plus amples descriptions.

En même temps, je relaterai aussi une de mes découvertes pour faire cesser instantanément toute crise nerveuse.

Lorsque vous voudrez faire *exécuter un acte simple* à un sujet, une fois qu'il *sera réveillé*, il faut qu'il *obéisse* bien aux *suggestions* que vous lui ferez pendant son *état hypnotique*.

Je ne saurais trop recommander de *faire commettre* l'acte suggéré quelques minutes après que vous aurez réveillé votre sujet, afin qu'étant présent, — si toutefois le sujet avait une crise nerveuse, — vous puissiez prendre telles mesures que la situation le comporterait.

Voici la manière de procéder pour obtenir la *suggestion post-hypnotique* :

Vous mettez votre sujet en *état de somnambulisme* et vous lui dites :

« Vous m'entendez très bien, et vous êtes « très bien !... »

Exemple :

« *Sept minutes après que vous serez ré-* « *veillé, vous irez éteindre les deux bou-* « *gies du candélabre gauche qui est placé* « *sur la cheminée de ce salon, où vous*

« *vous trouvez. Vous ne vous rappellerez de*
« *rien de ce que je vous ai dit... C'est une*
« *idée qui vous viendra...* »

Ou encore, après vous être préalablement
renseigné de ce que le sujet n'aime pas,
soit en consommation ou autrement, vous
procéderez comme plus haut et vous pourrez
lui faire prendre, lorsqu'il sera réveillé,
une liqueur quelconque (qu'il vous aura
désignée comme n'aimant pas).

IMPORTANT. — *Pour éviter certains
troubles nerveux* ou *crises chez les sujets
auxquels vous ferez subir la* suggestion
post-hypnotique, *dans les actes que vous
leur suggérerez, vous aurez soin,* **pour
neutraliser la suggestion** *et* **pour éviter
toute excitabilité,** *de leur dire :*

« *Vous ferez ceci et cela étant réveillés,*
« *si cela ne vous peine pas par trop ;* si
« vous *trouvez que cela est mal,* cette idée
« que vous aurez eue disparaîtra complète-
« ment et vous reprendrez votre état nor-
« mal ; vous ne serez aucunement fatigués. »

De l'Hypnotisme et du Magnétisme
sur les Animaux

La catégorie d'animaux que l'on peut

hypnotiser de la même manière que l'on *hypnotise* le genre humain, comprend la famille des *Batraciens* dont fait partie la *grenouille*.

La raison en est simple : c'est que la *grenouille* est des plus *nerveuses* et possède un *système nerveux* des plus *compliqués*.

Quand elle est sous l'*influence* de l'*Hypnotisme*, elle *gonfle énormément* et *coasse* au simple *toucher* de l'opérateur.

Pour l'*hypnotiser*, vous la *fixez* dans les yeux pendant 7 ou 8 minutes, de même que pour la *réveiller*, vous lui *soufflez* aussi sur les yeux.

Le *cheval* peut également subir l'*influence hypnotique*; mais toutefois, on ne peut produire sur lui que l'*état de fascination*.

Si un cheval est *méchant* et *dangereux* à l'écurie, on peut *arriver*, par des fascinations réitérées, à le *rendre plus doux*; mais cette *douceur* ne se *manifestera* qu'avec la *personne qui l'aura fasciné*.

Pour obtenir cette *fascination*, il faut se placer à *3 ou 4 mètres* du cheval (par la raison que ses yeux sont divergents), et *bien le fixer en ouvrant le plus possible vos yeux ;* en répétant l'expérience environ *10 ou 12 fois,* vous obtiendrez le résultat voulu.

La *Fascination la plus facile,* que tout le monde peut obtenir, même les enfants, est celle que l'on obtient chez la *gent gallinacée,* mais de préférence sur un *coq.*

Dans l'appartement où vous vous trouverez, vous *tracerez,* en *appuyant fortement* avec un morceau de *craie blanche,* (*sur un parquet le plus noir possible*), une *ligne* d'environ *1 mètre à 1 mètre 50* de longueur; puis après vous être fait préablement apporter un *coq,* vous le *prenez* et lui *appliquez* son bec sur la ligne pendant *15 ou 20 secondes.*

Vous remarquerez alors que, peu à peu, le coq *fléchira* sur ses pattes et se *fascinera* de lui-même en regardant *obstinément* la ligne blanche.

Il est aussi un autre animal sur lequel on *peut arriver* à produire *certains effets* hypnotiques : c'est le *chat.*

Vous prenez un *chat,* le plus doux possible, vous lui faites une *forte pression sur la nuque* et en le *fixant pendant 6 ou 7 minutes.*

Ici, vous n'avez pas besoin de trop vous fatiguer les yeux, vous pourrez laisser

battre vos paupières, car le point important
pour l'expérience que vous tenterez, ce sera
surtout la *pression de la nuque* qui produira sur le chat cette espèce d'*engourdissement* qui *annihilera tous les efforts
qu'il voudra faire pour s'échapper.*

Beaucoup d'animaux *peuvent être fasci-
nés* par *l'homme*; mais beaucoup aussi se
fascinent entre eux et généralement les
plus gros *fascinant* les plus petits.

Exemples : Un *serpent fascinant un oiseau ;* un *chat fascinant une souris ;* un
aigle fascinant un autre oiseau, etc., etc.

De l'Hypnotisme et de la Suggestion au point de vue thérapeuthique.

L'hôpital où la suggestion a été la plus
appliquée au point de vue thérapeutique,
autrement dit (*Guérison des maladies*) est
certainement la Salpétrière.

Mais cette immense enceinte, habitée par
des *neurasthéniques* et des *hystériques*,
n'offrait et n'offre encore de nos jours qu'un
champ d'expériences relativement restreint,
en ce sens que l'on y traitait et que l'on y
traite qu'une seule et même catégorie de
malades, tandis que si l'*Hypnotisme* et la

Suggestion se vulgarisent comme je l'espère, on pourra en faire l'application pour beaucoup de maladies, qui seront réputées même les plus rebelles.

Exemples :

Admettez pour l'instant qu'un membre de votre famille ait besoin qu'on lui fasse une opération chirurgicale :

Vous le soumettez à votre influence ; il y consentira d'autant plus que, comme tous les malades, il n'aura pas l'appréhension de savoir que le chirurgien-opérateur recourra à l'emploi, soit du *chloroforme*, de l'*éther*, du *protoxyde d'azote*, ou *autres anesthésiques* actuellement en usage et qui sont toujours dangereux.

Quand votre malade est à l'*état hypnotique*, vous mettez la partie, sur laquelle vous voulez pratiquer l'opération, en *catalepsie* et vous suggérez verbalement au patient :

« Qu'il ne sent absolument rien et qu'il « ne bougera pas, tant que vous le lui « disiez ».

Vous vous rendrez compte si l'*insensibilité* existe bien en piquant ou faisant piquer par le chirurgien avec une aiguille la *partie anesthésiée*, en ayant soin de tremper ensuite la dite aiguille dans de *l'acide phé-nique*, pour éviter les *asceptiques*.

Vous faites faire alors l'opération, qui aura été jugée nécessaire, et le sujet, pendant ce temps, n'aura ressenti aucune souffrance.

Ne trouvez-vous aussi rien de plus terrible que cette maladie de *l'épilepsie ?* de cette maladie qui occasionne de si grands troubles cérébraux.

Je puis dire que vous trouverez beaucoup de sujets parmi les *épileptiques :* cela explique que l'épilepsie est un dérivatif du *système nerveux* et de la *moëlle épinière*.

On peut leur rendre les plus grands services et arriver à une guérison en les *hyp-notisant* deux ou trois fois *par semaine*, en leur suggérant verbalement dans leur état hypnotique :

« Qu'ils vont aller de mieux en mieux et « qu'ils souffriront moins par la suite ».

C'est pour éviter une réaction par trop forte de la *suggestion* contre la *maladie*, qu'il faudra *opérer* et *suggérer* la guérison graduellement, en agissant comme je l'ai indiqué précédemment.

Pour les *insomnies,* vous pouvez de même les faire disparaître par la *suggestion*, en *hypnotisant* la personne très lentement, pour arriver à un *sommeil hypnotique* au bout de plusieurs jours.

Vous expérimentez de la manière suivante :

Faire asseoir le malade dans un fauteuil, sans lui faire subir ni *attraction*, ni *fascination;* vous lui prendrez les mains et le regarderez dans les yeux pendant deux ou trois minutes, pour la première fois et le premier jour ; cinq ou six minutes, pour la deuxième fois et le deuxième jour ; la troisième fois, dix minutes, etc., cela jusqu'à ce que vous arriviez au sommeil.

Par la *suggestion verbale,* vous ferez alors disparaître l'*insomnie* et le malade reposera très bien.

En cas d'insuccès au bout de plusieurs jours et si vous ne pouvez amener le *sommeil hypnotique,* vous dites préalablement au malade :

« Que l'état de somnolence que vous lui « provoquez lui fera disparaître complète- « ment ses insomnies ».

———

Voici également une manière de procéder pour *faire passer les maux de tête* aux personnes qui en souffrent, — et qui réussit

presque toujours, sans pour cela être obligé
de *recourir au sommeil hypnotique.*

Vous réunissez vos deux pouces sur le
front de la personne qui a le mal de tête,
en leur donnant *une légère contraction nerveuse ;* puis, toutes les dix ou douze secondes, vous les séparez brusquement,
comme si vous arrachiez une étincelle électrique, en les écartant par côté à environ
un mètre de la personne.

Vous répétez l'expérience de dix à quinze
fois, jusqu'à pleine réussite, sans toutefois
la prolonger plus de dix minutes.

Cette méthode, que j'ai découverte dans
le *cours de mes expériences hypnotiques,*
— et sans la chercher, — je la réussis
approximativement sur quatre-vingt-cinq
personnes pour cent.

L'énumération de toutes les maladies que
l'on pourrait guérir par *l'hypnotisme* serait
bien trop longue à faire ici ; mais vu les
résultats merveilleux obtenus, c'est pourquoi il faudra procéder de la manière que
j'ai indiquée lorsque vous en aurez l'occasion, sans toutefois vous la souhaiter.

EXPÉRIENCES DIVERSES

De l'adhérence des corps

L'expérience que je vais vous relater ci-dessous est une preuve que notre *système nerveux* n'est qu'une vaste pile électrique.

Certes, pour que cette pile puisse en avoir le fonctionnement vibratoire, il faut qu'elle trouve une autre pile humaine de façon que ces électricités se *ressemblant, puissent s'attirer* au lieu de se repousser.

Cette expérience, que l'on peut faire sur un sujet à *l'état de fascination* ou à *l'état de sommeil,* frappera certainement les spectateurs à qui vous la présenterez.

Pour la produire, vous opérerez ainsi :

Vous fascinerez un sujet quelconque pendant un laps de temps de huit à dix minutes ; vous lui fermerez les yeux et prierez une personne de l'assistance, tout en choisissant de préférence quelqu'un de nerveux et d'impressionnable :

« De bien vouloir se mettre *dos à dos* « avec votre sujet. »

Vous les ferez *bien se toucher* et, au bout de quelques minutes, vous prendrez la main de la personne réveillée et vous l'attirerez vers vous tout doucement, en priant cette personne de marcher à petits pas.

Vous verrez aussitôt votre sujet suivre cette personne *à reculons*, comme si un puissant aimant l'*attirait vers elle*.

Mais où le *fait devient intéressant*, c'est qu'en *ouvrant les yeux de votre sujet endormi et en le regardant bien en face et en reculant vous-même, le sujet vous suivra et la personne réveillée se trouvera attirée par le sujet comme ce dernier lui-même l'avait été.*

Pour faire cesser l'expérience, vous *séparez votre sujet de la personne* et, par un *léger frottement* que vous ferez sur le *dos de la personne réveillée*, vous lui ferez *disparaître l'engourdissemet qui pourrait exister*.

De l' « Esprit d'imitation »

Il est aussi un autre genre d'expériences que l'on *peut tenter sur tous les sujets*, mais qui ne réussit que chez un nombre restreint de ceux-ci, pour la seule raison qu'elle ne dépend que du sujet.

On ne peut la produire que dans l'*état d'hémi-fascination.*

Il existe alors chez votre sujet, dans cet état *d'hémi-fascination* et *d'hémi-cata-lepsie*, une *partie du corps cataleptisée*.

Cette *catalepsie vient d'elle-même* en fascinant, pendant un temps assez long, votre sujet dont les yeux restent démesu-rément ouverts.

Vous vous placez devant lui en le fixant et vous lui direz : « Bonjour ! »

Avant que vous ayez terminé la dernière syllabe du mot « Bonjour », le sujet répé-tera le mot « Bonjour » *aussi vite que vous* et sur le même ton.

Ou encore, vous criez : « Au feu ! »

Il criera immédiatement « Au feu ! »

Si vous vous grattez le nez, il se grattera aussi le sien. Si vous faites une grimace, il vous imitera immédiatement.

En un mot, toutes les paroles, faits et gestes, si bizarres qu'ils soient, que vous direz, accomplirez et ferez, le sujet les dira, les accomplira et les fera, sans que vous lui ayez dit ou suggéré préalablement de quoi il s'agit, et selon le lieu et les per-sonnes avec lesquelles vous vous trouverez.

Par exemple, je ne vous engagerai pas, lorsque le sujet sera dans cet état, d'em-brasser votre femme devant lui, car immédiatement il s'en arrogerait le droit et en ferait autant que vous, etc., etc.

Comme à ce moment-là il n'est pas responsable de ses actes, il ne faudrait donc pas lui en vouloir.

Pour faire cesser l'état dans lequel il se trouve, vous n'aurez qu'à lui fermer les yeux et *décataleptiser* la partie *cataleptisée*.

Expériences de la faim et de la soif

L'expérience ci-dessus étant terminée, vous pourrez après lui suggérer :

« Qu'il a bien faim et bien soif ! Qu'il « va ouvrir les yeux dans une minute ou « deux, et qu'il rédigera un menu des « plus soignés ainsi qu'une carte des vins « les plus estimés. »

Vous lui mettrez alors dans *chaque assiette de tout petits morceaux de pain coupé, et dans les bouteilles que de l'eau.*

Vous pourrez observer, lorsque le sujet mangera ces petits morceaux de pain, qu'il *fera le simulacre* d'en retirer les os, comme s'il croyait manger véritablement, soit du poulet ou autre viande et, lorsqu'il boira, qu'il fera claquer sa langue en signe d'assentiment comme s'il buvait réellement les vins les plus capiteux et des meilleurs crus.

Ensuite, vous le prierez de se lever et vous pourrez constater qu'il se sera enivré *avec quelques verres d'eau.*

Pour le dégriser vous n'aurez qu'à employer la *suggestion verbale*, comme je l'ai indiquée plus haut, sans oublier toutefois de lui dire :

« Que les aliments qu'il a pris vont très « bien digérer. »

Après, vous le réveillerez en lui soufflant fortement sur les yeux et il sera tout étonné d'apprendre ce que vous lui direz et ce qu'il vient de faire.

Cette suggestion peut s'appliquer au point de vue thérapeutique, en rendant l'appétit aux personnes qui l'auraient perdu mais en leur donnant dans ce cas de vrais aliments.

Du Réveil général des Sujets

Il faut que ce soit la personne qui *hypnotise,* qui *réveille elle-même le sujet,* car une *autre personne ne saurait y réussir,* à moins, cependant, d'avoir affaire à quelqu'un de *très habile* en *matière hypnotique.*

J'ai pu *constater chez presque la totalité des sujets* que j'ai *hypnotisés*, lorsqu'une *personne autre que moi voulait les réveiller*, non seulement elle ne *réussissait pas*, mais encore elle provoquait une *répulsion* de la *part des sujets (soumis à mon influence), laquelle s'accentuait davantage si je ne m'interposais.*

Il n'en n'est pas de même pour l'état de *fascination*, où n'*importe qui* peut *défasciner* un sujet rien qu'en lui *soufflant assez fortement sur les yeux.*

La *manière la plus simple pour réveiller les sujets* est de souffler assez *fortement sur leurs yeux avec la ferme volonté :*

« *Que vos sujets vont se réveiller.* »

Mais toutefois l'opérateur *devra tenir compte* des expériences qu'il *aura faites et s'il a remarqué* que ses sujets *obéissaient* et *exécutaient très vite* les suggestions qu'il leur *faisait* pendant le cours de ses expériences (ce qui dénote des constitutions très nerveuses), il *devra,* **dans ce cas,** *souffler le plus doucement possible* sur leurs *yeux,* de manière qu'ils se *réveillent graduellement,* pour éviter chez eux *toute crise nerveuse.*

Si vous n'avez pu *réussir* par la *manière ordinaire à réveiller un de vos sujets*, il faudra employer la *suggestion mentale* en *appliquant* une main au *vertex*, et l'autre à la *nuque*, puis vous lui direz :

« Que vous allez compter très lentement
« jusqu'à 10, et qu'une fois que vous serez
« arrivé au nombre 10, il se réveillera tout
« doucement et se trouvera en bonne
« santé. »

Si le sujet répond à votre *suggestion verbale*, vous pouvez être certain qu'*arrivé au nombre 10, il se réveillera;* mais s'il ne vous *répond pas, il pourrait arriver qu'il ne se réveillât pas.*

Votre *suggestion verbale* resterait-elle même *sans réponse* de la part du sujet, vous pouvez, néanmoins, *tenter cette manière de réveiller* en comptant jusqu'à 10, car il arrive que *certains sujets entendent très bien l'opérateur* et ne *peuvent répondre.*

Il faudrait alors avoir recours à la *3ᵐᵉ et dernière méthode* de réveiller (que l'on ne doit employer qu'après que les 2 premières ont été vaines), et que je vais vous indiquer ci-dessous :

« Prendre une *serviette* et en *tremper*

la moitié dans de l'eau bien froide, glacée
si possible; et en frapper vigoureusement
à plat le sujet sur ses yeux et son front
en même temps; et réitérer à plusieurs
reprises jusqu'à ce que le sujet se réveille.»

Mais sur dix fois que vous emploierez
cette manière un peu anormale de réveiller vos sujets (surtout si ceux-ci sont du
sexe féminin) vous aurez au moins huit
crises nerveuses à constater.

Vous pourrez donc prendre vos précautions :

D'isoler entièrement les sujets de tout
meuble ou objet mobilier quelconque, de
façon qu'ils ne puissent rien atteindre, et
ne rien avoir à leur portée ; car ces crises,
en général, sont de peu de durée lorsque
les sujets n'ont aucun point d'appui et ne
peuvent rien serrer dans leurs mains.

Découverte de l'Auteur pour faire cesser instantanément les crises nerveuses.

La crise nerveuse qui est généralement
provoquée par un commencement d'arrêt
de la circulation du sang au cerveau, doit
cesser en produisant une autre douleur
plus aiguë que celle qui existe.

Mais il fallait pour cela trouver un moyen à la fois *assez efficace,* sans nuire au *sujet* et sans qu'il ne reste *aucune trace* ni *apparente* ni *cachée, d'ecchymose* et ne laissant, surtout ensuite, *aucune souffrance ni aucun malaise* chez le sujet.

Voici donc ce moyen qui, je crois, pourra *rendre service aux amateurs un peu.... novices* en cette *matière.*

Dès que la crise se déclare, il faut alors:

Coucher votre sujet sur le parquet en ayant soin de ne pas vous laisser prendre par les effets ; et saisir le plus vivement possible avec la main droite (qui est généralement la plus forte), le **derriére du cou** *du sujet,* **sous la nuque,** (et non le devant du cou, bien entendu, pour l'étrangler), et *faire en sorte* de bien prendre et toucher les *muscles* que nous avons sur les côtés du cou, et puis **serrer bien fortement.**

Quelques *secondes après, la crise cessera comme par enchantement ; vous frictionnerez légèrement le cou de votre sujet pour faire cesser l'engourdissement qui pourrait subsister.*

Bien entendu, aussitôt *la crise passée,* votre sujet se *trouvera réveillé.*

Il faudra vous défier, lecteurs, principalement chez les *Hystériques*, des sujets qui ne *veulent pas se réveiller* pour *mystifier* l'opérateur et qui jouent la *comédie,* (il est vrai quelquefois même à leur *insu.*)

Cette découverte, que je viens de relater ci-dessus, ne s'applique, non seulement **aux sujets hypnotiques,** *mais aussi dans les Cas Pathologiques (Maladies).*

Quelques expériences des principales découvertes de l'auteur et qu'il expérimente toujours.

Dès le début de ma carrière, comme je rencontrais beaucoup de sceptiques, malgré les nombreux sujets que j'hypnotisais et qui étaient pourtant connus de ces spectateurs, il a fallu que je porte mes recherches sur les *expériences au point de vue du système nerveux,* de manière à produire des expériences attirant l'attention et frappant l'imagination de ces personnes incrédules.

Après bien des recherches, j'y suis enfin arrivé, et à un résultat inespéré.

Certes, je puis le dire, et cela sans forfanterie aucune de ma part, et, d'après les appréciations les plus flatteuses de sommités médicales et autres personnes compétentes en matière hypnotique, je suis arrivé au *plus haut degré des expériences au point de vue du système nerveux* qui aient été *accomplies jusqu'à ce jour* et qui *détiennent le record*, (si toutefois je puis m'exprimer ainsi!) peut-être je crois, pour *longtemps encore*.

Une de ces principales *expériences à sensation* que j'ai découvertes, et qui a le plus contribué à faire ma réputation et que j'ai eu l'honneur de présenter dans les principaux Casinos et Théâtres des villes d'eaux thermales et balnéaires de France et de l'étranger, ainsi que dans les principaux Cercles civils et militaires, dans les Associations d'étudiants ainsi que dans diverses Facultés, consiste dans la *Suggestion mentale à grande distance :* moi, opérateur, étant à une distance de 200 mètres de mon sujet et celui-ci restant dans une salle, sous le contrôle des spectateurs.

Cette expérience, qui m'a valu et me vaut encore aujourd'hui les plus grands succès partout où je la présente, donne gain de cause aux Théories savantes de M. le colonel de Rochas qui, dans ses merveilleux ouvrages, explique que c'est par l'*extériorisation de la motricité* que nous possédons que *l'on arrive à communiquer à distance, à un sujet, cette force impalpable, vette vibration, cette électricité à part, qui se dégagent d'un cerveau pour se transmettre à un autre.*

Après quelques exercices préliminaires, pour mieux disposer mon sujet à cette « Suggestion à distance », je me retire de la salle, où mon sujet se trouve, avec cinq ou six spectateurs en les priant de *délibérer un laps de temps quelconque*, soit une, deux ou trois minutes et plus par exemple, au bout duquel laps de temps mon sujet, qui est actuellement réveillé, devra tomber *hypnotisée* et *contracturée* (*cataleptisée*) sur le parquet, à la *minute précise, qu'ils auront tous convenu et délibéré d'un commun accord.*

Priant alors les spectateurs de rentrer dans la salle, sauf un qui reste constamment avec moi, à seule fin que l'on se rende bien compte que je ne bouge nullement de l'endroit où a eu lieu la délibération, je concentre très fortement ma volonté, *sans point d'appui*, en *baissant la tête pour ne pas* être distrait, et *transmets à mon sujet, mentalement, l'ordre de se trouver hypnotisée et de tomber contrac-*

turée juste à la minute et à la seconde qui ont été convenues par les spectateurs.

Mon sujet, étant bien *contracturé (cataleptisé)*, ainsi que l'on peut s'en rendre compte, je le fais placer sur deux chaises, comme je l'ai du reste indiqué au chapitre spécial de la Catalepsie totale, la tête sur l'une et les pieds sur l'autre et lui fais supporter le poids énorme et extraordinaire de quatre personnes pesant ensemble environ 300 kilogrammes, sans qu'il n'y *ait aucune crainte de rupture de muscles par arrachement,* et sans que le sujet *ne fléchisse aucunement dans cette position horizontale* qu'elle peut conserver trois heures durant et même quatre heures.

Mais le plus fort de l'expérience *qui renverse absolument toutes les lois du système nerveux et de la force physique que personne, autre que moi, a présenté jusqu'à ce jour,* c'est qu'après avoir *supporté* ce *poids phénoménal de 300 kilogrammes,* et *après être restée environ de quarante à cinquante minutes dans cette situation des plus critiques, pendant lequel temps je fais de nombreuses autres expériences, je la fais, toujours sur une délibération et un nombre de minutes conve-*

*nues avec les spectateurs, incurver gra-
duellement jusqu'à trois ou quatre centimètres environ du tapis ou du parquet, à
l'heure et à la minute exacte qui ont été à
nouveau délibérées.*

Puis, me mettant debout, mes pieds
placés sur ses jambes, sans qu'il n'y ait
aucune *trace d'ecchymose*, sur un signe,
sans parler, que me fait n'importe quel
spectateur, je la fais remonter immédiatement et graduellement à sa position
première, soit horizontale, avec le poids de
mon corps dessus, de 100 à 101 kilogrammes.

Et, en remontant ce poids énorme, on
pourrait croire que la tête du sujet est
détachée de son corps, car il *n'existe sur
la physionomie aucune contraction nerveuse, aucun tressaillement de muscles ne
venant troubler la sérénité du visage qui
reste toujours aussi calme et aussi reposé.*

Accélération du pouls

Il est aussi une autre expérience qui,
(surtout au point de vue médical!) si on *ne
la constatait* on pourrait croire qu'il est
absolument impossible de la faire et qui
démontre que *l'opérateur peut agir* sur

toutes les fonctions du corps, d'un *sujet hypnotisé.*

Je veux parler de l'*Accélération du pouls.*

Mettant alors mon sujet en *état d'hémi-contracture*, je puis dire qu'à ce moment-là j'agis sur les *vaso-moteurs*, et l'on peut remarquer qu'un côté de la *face du sujet devient pâle* et l'autre *coloré.*

Puis, faisant constater le* *nombre exact de pulsations, qui généralement au début est* dans cet état, de 80 à 84 à la minute, par un effort de volonté, *sans toucher le sujet*, une minute après on peut constater une augmentation de 20 à 25 pulsations, ce qui met le pouls entre 100 à 106 en moyenne.

Par le même procédé, toujours à une minute d'intervalle à peu près, je l'amène à 120.

En continuant ainsi, je suis arrivé quelquefois jusqu'à 144 et 150 pulsations à la minute, ainsi que le constatent deux attestations d'Associations d'étudiants de Lyon et de Toulouse, où divers professeurs des Facultés avaient été invités et assistaient à mes séances, lesquelles attestations sont du reste reproduites à la fin de mon ouvrage.

Certainement, il est bon de le faire remarquer ; je ne puis reproduire cette expérience sur les sujets subissant, surtout pour une première fois, l'influence hypnotique ; ce n'est qu'après des expériences réitérées que je suis arrivé à ce résultat.

Action de médicaments à distance

J'ai repris les études sur l'*action* de médicaments à distance, que le docteur Luys a présentées il y a quelques années à l'Académie de Médecine et que Messieurs Burot et Bourru, médecins de la Marine à Rochefort, firent également et relatèrent aussi dans leurs ouvrages.

Je croyais, comme beaucoup de personnes s'occupant d'hypnotisme, que la suggestion jouait le principal rôle dans ces expériences ; mais, après bien des recherches et les remarques que j'avais faites, j'ai reconnu que c'était uniquement par l'*Hypéresthésie de l'odorat* que *certains médicaments agissaient*.

J'ai pu également écarter l'idée de la Suggestion à mon insu, car, dans mes travaux, je m'étais fait apporter des flacons contenant surtout des alcaloïdes et des essences dont j'ignorais entièrement le contenu.

Ces flacons, fermés à l'émeri et cachetés, ne donnaient aucun résultat. Je fis alors retirer les cachets et remplacer les bouchons à émeri par de simples bouchons en liège fermant plus ou moins hermétiquement.

En appliquant à nouveau ces flacons au vertex, ils agissaient parfaitement et dans une proportion de 7 sur 10.

Je dois vous dire que les expériences que j'ai faites, et que je fais encore avec les médicaments, je n'ai pu obtenir les *mêmes résultats par la suggestion*, quoique avec la plus grande partie de certains médicaments on peut très bien reproduire leurs effets par la suggestion, mais non avec les médicaments que j'emploie et qui sont :

1º Le Sulfate d'Atropine, *dilatant* la pupille ;

2º L'Esérine, *rétractant* la pupille ;

3º La Pilocarpine, etc., agissant sur les glandes sudoripares et provoquant des sueurs.

Mais la principale expérience, la plus *frappante*, la plus *visible*, est celle que j'obtiens par l'*essence de Thym*.

Faisant mesurer le *tour du cou* de mon sujet spécial, qui est de trente-six centimètres, j'applique au vertex un flacon fermé contenant de l'*essence de Thym* ; puis, *trois minutes après*, j'obtiens une *turgescence* (gonflement du cou) de sept à huit centimètres de plus qu'à l'*état normal*.

Mais, il y a quelques années, j'ai obtenu douze centimètres de plus qu'à l'état normal, dont une photographie, représentant cette expérience, est jointe dans cet ouvrage. (Page 92).

Pour faire *disparaître cette turgescence*, je n'ai qu'à employer le *chlorydrate de morphine*, toujours à distance ; mais, pour ce médicament, eu égard à son peu d'odeur, le flacon *alors ouvert*, puis, une minute après, la turgescence a disparu.

Je dois vous dire que, par la *suggestion* et *quelques attouchements* pour décontracturer, je puis *faire reprendre* au cou son état normal, mais cela demande un peu plus de temps, soint environ quatre ou cinq minutes.

Ayant aussi essayé, par la *suggestion*, de produire cette turgescence, je n'ai pu arriver qu'à trois centimètres, trois centimètres et demi au maximum, mais jamais au delà.

Cette expérience, que je viens de relater, donne raison à la *Pathologie* du docteur

Denéchaux qui, dans un de ses ouvrages, *quoiqu'il ne parle nullement d'hypnotisme*, dit :

« Que les fleurs fraîches, telles que des « roses, des lilas, des violettes, etc., con- « centrées dans un appartement qui n'est « pas suffisamment aéré, *provoquent* et « *peuvent provoquer de l'asthme*, chez « l'homme, *des maux de tête et jusqu'à* « *des troubles cardiaques* chez la femme, « *dans une proportion assez grande* ».

Ayant remarqué que mon sujet, *même à l'état de veille*, était et est *toujours très sensible à l'odeur de l'essence de Thym* et du *serpolet*, j'en ai conclu que la *turgescence du cou doit être produite par un commencement d'arrêt de l'hémathose*.

Une autre expérience que je présente également sur mon sujet et qui *produit un effet aussi bizarre :*

« C'est de la faire *rire d'un côté de la* « *figure* et de la faire *pleurer de l'autre* ».

On peut remarquer que le *côté qui pleure*, les larmes *coulent abondamment ;* tandis que le *côté qui rit* donne une *contraction* ayant trait à quelque chose de joyeux.

Mobilisation des sens

Une autre de mes dernières découvertes, que j'ai eu l'honneur de présenter tout récemment dans une soirée qui a eu lieu chez Sa Majesté la Reine Nathalie de Serbie, en son palais de Sachino, près Biarritz, où j'ai été appelé et où une partie de la Cour d'Autriche s'y trouvait réunie, ainsi que l'élite de la haute aristocratie française et étrangère, alors en ce moment en villégiature, et qui m'a valu de nombreux éloges de la part de l'assistance tout entière, — qui m'en vaut aussi, du reste, partout où je la présente et plaisant beaucoup aux dames.

Cette découverte, dis-je, consiste à *déplacer les sens* du sujet, notamment les *yeux*, et à les *amener aux doigts*, en leur faisant alors *faire partie des sens du toucher*.

Les yeux du sujet étant bien fermés, ainsi qu'on peut s'en rendre compte en *relevant la paupière*, on y aperçoit un *strabisme convergent*.

Priant alors quatre ou cinq personnes de l'assistance de venir près de mon sujet, je fais toucher une main de chacune de ces personnes par mon sujet en lui suggérant :

« *Qu'une ou plusieurs minutes après son*
« *réveil, elle les cherchera dans toute la*
« *salle et les retrouvera sans se tromper* ».

En lui faisant accomplir un acte simple
et distinct pour chaque personne, soit par
exemple :

« D'aller serrer la main à l'une de ces
« personnes et de lui demander comment
« va l'état de sa santé ».

A l'autre personne :

« Qu'elle lui verra un moustique sur le
« bras, ou sur le front, et qu'elle ira le
« chasser ». Etc., et d'*autres actes simples*
à peu près de ce même genre aux deux ou
trois autres personnes, etc.

Aussitôt que j'ai réveillé mon sujet, je
quitte la salle, pour ne pas que l'on puisse
croire que je donne des indications à mon
sujet et que l'on ne puisse suspecter aucunement l'expérience.

Le sujet reste dans la salle, réveillée ;
mais, quand *l'idée lui revient, juste au mo-*
ment suggéré, sa physionomie *change* et
elle revient dans *un état semi-hypnotique.*
Elle *retrouve* les personnes qu'elle a tou-
chées et accomplit, *par ordre*, les actes
suggérés, sans pour cela ne jamais se tromper, quelque soit le *grand nombre de spec-*

tateurs pouvant se trouver réunis, *soit dans une salle de théâtre* ou *dans un salon.*

La personne qui me sert spécialement de sujet est une personne des *plus robustes* et des *mieux constituées*, n'ayant *aucun point hystérogène*, ni même *tendance à la névrose.*

C'est moi-même, il y a une douzaine d'années, qui ai commencé à *l'hypnotiser*, et ce n'est qu'après un laps de temps de cinq à six mois et par des expériences réitérées, que je suis arrivé à produire chez elle les *trois phases de l'hypnotisme*, et jamais personne, autre que moi, ne l'a *hypnotisée.*

En un mot, c'est un sujet qui ne fait nullement peine à voir, à l'encontre de ceux que que l'on a présentés jusqu'ici et qui étaient *chétifs, malingres* et *presque toujours hystériques.*

Malgré sa *constitution exceptionnelle*, elle n'en n'est *pas moins douée* d'une *très grande sensibilité* et les expériences qu'elle subit *ne l'atteignent aucunement*, ni au *moral*, ni au *physique.*

C'est une preuve de plus (à ajouter aux nombreuses autres !) que *l'on peut parfaitement hypnotiser une personne en bonne santé en y mettant plus de temps,* il est vrai, *que pour hypnotiser une neu rasthénique.*

Des dangers pour l'Opérateur et les Sujets. — Précautions à prendre

Il y a certains dangers, assez sérieux même, mais qui n'existent que par un abus constant de l'Hypnotisme qu'en font les opérateurs et leurs sujets.

En somme, chaque fois qu'un hypnoti- seur tente ou fait des expériences, il dé- pense et perd un assez fort degré de **calo- rique humain** *qui se change en* **électricité spéciale** *dont le* **point de départ,** *la* **principale pile,** *en est le* **cerveau,** *les* **fils conducteurs,** *le* **système nerveux** *et le* **dynamo, le sujet.**

Ce n'est que par un **repos assez pro- longé,** *que prend* l'**Hypnotiseur,** *qu'il* **arrive** *à reprendre toute son* **énergie qu'il a dépensée** *et toute la* **force qu'il a perdue.**

Un danger, aussi *très grave pour l'opé- rateur,* s'il ne prend la précaution sui- vante:

C'est d'*éviter d'hypnotiser,* à première vue dans un auditoire nombreux, par exem-

ple, tous les spectateurs se présentant
d'eux-mêmes ; car, dans la *fièvre de ses expériences*, l'opérateur pourrait *quelquefois
hypnotiser des sujets* se trouvant atteints
de maladies plus ou moins contagieuses, et
qui lui communiqueraient leurs maladies,
maladies de l'épiderme (maladies de peau)
ou autres, cela même par un simple *contact*.

Pour certains amateurs peu habitués et
surtout peu exercés aux *expériences d'Hypnotisme,* je ne saurais trop leur recommander de ne pas trop y mettre de leur amour-
propre, pour le cas où ils trouveraient dans
leurs débuts des sujets par trop rebelles ;
car, pour eux aussi, le danger, *(quoique
différent)*, n'en serait pas moins grand, en
ce sens que leur cerveau étant quelque peu
fatigué par le surcroît d'énergie et de volonté qu'ils dépenseraient, il pourrait se
*produire chez eux, s'ils passaient outre à
cela,* les *premiers symptômes de la folie,*
de cette *folie mystique et bizarre qui con-
sisterait, chez eux,* à vouloir *hypnotiser
de force* toutes les *personnes qu'ils ren-
contreraient.*

*Très important pour les opérateurs
amateurs :*

Il ne faut pas prendre, pour l'hypnotiser, un sujet atteint de *maladie cardiaque* (maladie de cœur) *nettement déclarée*, car il pourrait en résulter une *syncope sur le cœur* qui *pourrait entraîner la mort*.

Quoique je ne connaisse pas beaucoup de cas de ce genre, il en est un, cependant, qui *fit assez grand bruit* en *Autriche-Hongrie*, il y a quelques années et que je vais vous relater :

Une jeune fille appartenant à la meilleure société hongroise, atteinte d'une maladie cardiaque au 2e degré, s'étant soumise (d'après certains dires) aux *expériences hypnotiques* du professeur Ne...., et d'après d'autres aux *expériences de médium* du docteur Vr...,trouva la mort, par une *syncope sur le cœur*, dans un *état d'hallucination provoquée* et d'*excitation cérébrale.*

La responsabilité, dans cette malheureuse affaire, n'a jamais été bien définie pour savoir à qui elle incombait. Mais toujours est-il que les parents, sachant leur fille atteinte de cette maladie, auraient dû l'empêcher qu'elle se prêtât plus longtemps, dorénavant, aux *expériences qu'ils faisaient fréquemment chez eux,* et dont les conséquences en *étaient devenues si tra-giques*.

Mais avec toutes les précautions que je relate dans mon ouvrage, ce malheur ne serait certainement pas assuré.

En effet, dans l'Hallucination provoquée, si l'opérateur remarque que ce que voit et ce que raconte le sujet *est par trop tra-gique*, il n'a qu'à faire cesser immédiatement l'expérience en lui disant :

« Qu'il ne voit plus rien et se trouve très bien. »

En procédant ainsi, on **évite que les sujets** *se* **frappent par trop l'imagination** *et n'aient* **aucune excitation cérébrale.**

D'après l'enquête qui fut faite, par ordre des autorités, sur ce dénouement tragique, il fut établi et péremptoirement démontré que cet accident, (bien entendu, quoique toujours regrettable), n'avait fait qu'abréger de quelques mois seulement les jours de cette infortunée jeune fille.

Pour les sujets, les dangers qu'ils peuvent courir sont aussi assez graves, surtout après le cas que je viens de relater ci-dessus.

Il peut se produire chez eux, par suite d'un abus des expériences auxquelles ils se soumettent, une congestion au cerveau, et une fois réveillés avoir tous les *symptômes* qu'entraîne la folie.

Pour **éviter cela,** *il ne faudra pas laisser trop longtemps les sujets hypnotisés et* **avoir bien soin, en les réveillant,** *de ne* **laisser subsister** *dans leur esprit aucune des suggestions que vous leur aurez faites pendant leur* **sommeil hypnotique.**

Un autre point, également très important pour l'*opérateur*, et qu'il sera bon qu'il prenne en considération :

Ce sera de ne jamais hypnotiser un sujet, qu'autant que la digestion de celui-ci, (comme du reste la sienne) sera accomplie, soit environ, en moyenne, une heure et demie ou deux heures après le repas.

OBSERVATIONS

ET QUELQUES CAS SPÉCIAUX EXPÉRIMENTÉS PAR L'AUTEUR

Maintenant, chers lecteurs et chères lectrices, que vous avez bien compris les leçons pratiques de toutes les expériences que l'on peut faire, en y ajoutant celles qui vous passeront par l'idée et en vous basant sur les connaissances que vous aurez acquises sur l'*Hypnotisme et la Suggestion,* si vous suivez bien ces recommandations que ce petit ouvrage concentré vous a données, vous arriverez, j'en suis sûr, à de bons résultats !

Il faut que vous vous disiez que l'*Hypnotisme et la Suggestion* n'ont pas les dangers qu'on se plaît à leur prêter.

En opérant avec cet ordre d'idées vous réussirez, et *votre volonté* n'en sera *que plus forte*, ce qui ne gâte rien en matière hypnotique.

Certes, je ne nie pas qu'il y ait certains dangers, lorsque l'Hypnotisme est pratiqué surtout par des mains inhabiles ; mais ceux-ci sont encore plus grands en laissant ignorer cette « science occulte », que l'on se plaît à pratiquer le plus souvent sans en connaître le premier mot !

Suggestion post-hypnotique

Dans les ouvrages parus jusqu'à ce jour, de certains auteurs en renom traitant cette science de l'Hypnotisme, je relève des phrases comme celles-ci que je laisse à l'entière appréciation des lecteurs :

« *Presque tous les sujets se rappellent de ce* « *qu'on leur a fait faire pendant leur sommeil* « *hypnotique; ceux qui ne se rappellent pas,* « *le jour même, les expériences de suggestion* « *qu'on leur a fait faire, s'en rappellent le* « *lendemain ou le surlendemain.* »

Or, l'auteur qui a écrit ceci, dans toutes ses théories, prétend :

« *Que l'on peut faire commettre un acte* « *délictueux par suggestion post-hypnotique* « (qui veut dire après le réveil du sujet à une date « indéterminée), *à n'importe quel sujet ayant* « *subi l'état hypnotique.* »

Je ferai remarquer que l'explication des deux phrases que je viens de relater ci-dessus, *contrastent singulièrement entr'elles.*

En effet ! Si le sujet se rappelle de tout ce qu'on lui a suggéré pendant son sommeil hypnotique, lorsque viendra le jour et l'heure que l'opérateur lui a suggéré, soit, par exemple :

« *D'aller prendre une montre chez M. X...;* « *ou que l'on lui donne un couteau en papier*

« *pour aller tuer M. S...* », le sujet se mettra à
rire et dira ceci :

« En voilà d'un farceur que ce monsieur qui a
« fait des expériences sur moi. Pourquoi veut-il
« que j'aille chercher cette montre ou que j'aille
« frapper M. S...? »

Si, quelques spectateurs se trouvent alors présents pour lui voir commettre l'acte suggéré, « *se
rappelant de tout* » (d'après l'auteur), il leur rira
tout simplement au nez, à moins qu'il veuille,
dans un but vénal, mystifier davantage la personne
qui l'aura soi-disant hypnotisé.

Remettons les choses à leur place, comme elles
doivent l'être ; c'est par des faits sincères et plusieurs fois répétés que j'ai pu constater que :

« *Dans la suggestion post-hypnotique (c'est-*
« *à-dire pour accomplir un acte suggéré pen-*
« *dant le sommeil à l'état de veille), les sujets*
« *qui la subissaient ne se rappelaient nulle-*
« *ment de l'acte que je leur avais suggéré*
« *d'accomplir.* »

C'est une idée subite qui leur venait, sans bien
se rendre compte pourquoi.

Lorsque l'acte suggéré était simple, par
exemple :

« *De faire prendre un verre à un sujet et*
« *de le lui faire briser, ou de lui faire deman-*
« *der une consommation qu'il n'aimait pas,*
« *ou encore qu'il demande une clef pour re-*
« *monter une pendule, etc.* », ces faits n'étant

nullement délictueux, quoique, toutefois, un peu baroques, le sujet les accomplissait alors pour se soulager de cette idée qui l'obsédait.

A ce moment précis, le sujet revenait dans un *état semi-hypnotique,* mais qui disparaissait quelques minutes après qu'il avait exécuté la suggestion qui lui avait été faite.

Mais, où les choses changent complètement de phase, c'est lorsque l'acte suggéré était délictueux, on voyait alors le sujet résister contre cette volonté obscure qui le poussait à accomplir le forfait que l'on voulait lui faire commettre, et qui se disait en lui-même :

« Non, je ne veux pas ! Je ne ferai pas cela ! » Et, arrivé à l'apogée de cette résistance, après avoir lutté quelquefois pendant très longtemps contre cette idée qui lui revenait sans cesse, il se déclarait alors une crise nerveuse, et, après cette crise, le sujet se trouvait complètement débarrassé de cette suggestion qui lui avait été faite.

La morale et la probité du sujet avaient alors triomphé de la suggestion post-hypnotique.

Je ne soutiendrai certes pas que, *si on suggère à une personne (qui, à l'état de veille, est déjà prédisposée au vol) d'aller voler,* (et que ses sentiments sont plus ou moins loyaux), la *suggestion délictueuse,* que vous lui ferez pendant son sommeil hypnotique, *n'étant pas contraire à ses penchants naturels,* elle commettra avec d'autant plus de plaisir cet acte, qu'elle l'aura souvent hanté pendant son état normal.

De même, si vous faites *une semblable suggestion à un désiquilibré* (qui, dans son état normal, pour son cas permanent, n'est pas responsable), vous aurez facilement raison de la résistance des sentiments de moralité qu'il peut avoir.

Pour convaincre cet auteur, ainsi que les personnes qui pourraient avoir la même opinion sur ces expériences de suggestion, je vais citer quelques cas (entr'autres un, qui n'est pas le mien), mais dont le caractère de sincérité ne saurait être mis en doute, eu égard au nom du regretté et éminent savant qui l'avait provoqué.

L'expérience se passait à la Salpétrière, et si j'ai bonne mémoire, en 1883.

Le grand et illustre Charcot, dans un cours d'Hypnotisme qu'il faisait, expérimentait alors un sujet des mieux préparés, des plus sensibles, ayant subi toutes les phases de l'état hypnotique.

Ce sujet était une femme d'environ 35 ans ; la nature l'avait douée d'un thorax des plus bombés, ainsi que d'une opulente poitrine.

Après lui avoir suggéré diverses suggestions secondaires qui, ma foi, réussirent très bien, le maître suggéra alors celle-ci :

« Demain, à 3 heures de l'après-midi, vous « viendrez me trouver dans mon cabinet et vous « retirerez votre corset. »

Le sujet, dans son sommeil, a d'abord résisté et

ne voulait pas s'y rendre ni retirer son corset. En répétant par 3 fois la suggestion, il y consentit.

Le lendemain, un *quart d'heure après l'heure suggérée (car le sujet avait déjà résisté à l'idée qui l'obsédait)*, elle est bien venue dans le cabinet du chef de clinique, mais, par un sentiment de pudeur qui existe chez la femme, elle n'a pas retiré son corset.

Et cette résistance s'étant accentuée de plus en plus, il s'est alors produit chez elle une forte crise nerveuse.

Après cette crise qui dura environ 5 ou 6 minutes elle s'est trouvée complètement débarrassée de cette suggestion qui lui avait été faite et dont elle ne s'en rappelait plus aucunement.

De passage à Narbonne, en 1887, où j'ai donné à l'Alcazar (Direction Peziard), de nombreuses séances dans lesquelles j'ai hypnotisé, sans exagération aucune, 35 à 40 sujets de la ville, il m'est arrivé aussi un certain soir (mais alors à moi-même), de suggérer à deux jeunes gens (dont un appartenait à la classe ouvrière, et était chaudronnier de son état, et l'autre, un jeune homme de très bonne famille), avec, toutefois, leur permission préalablement accordée :

« *De venir d'abord, le lendemain à 1 heure*
« *de l'après-midi, me trouver à l'Alcazar* », et
« *D'aller ensuite demander l'aumône, sur la*

« *promenade du Quai, près du pont, en simu-*
« *lant qu'ils seraient manchots!* »

Je les ai ensuite réveillés et interrogés, et j'ai pu
parfaitement me rendre compte *qu'ils ne se rap-*
pelaient nullement de ce que je venais de leur
suggérer.

Il est inutile, je crois, de faire remarquer ici,
combien, le lendemain (à l'heure dite et au lieu
indiqué), l'affluence de la foule était considérable
pour venir se rendre compte de ce qui allait se passer.

Ces deux jeunes gens *sont bien venus le lende-*
main à 1 heure me voir à l'Alcazar, l'ouvrier
est bien allé ensuite demander l'aumône sur le
pont, et en simulant qu'il était manchot, mais
trois quarts d'heure plus tard que l'heure que
je lui avais suggérée!

Quant au jeune homme de bonne famille,
comme cette suggestion lui répugnait à accom-
plir, eu égard à *son amour-propre,* il s'est produit sur lui, une crise nerveuse que j'ai fait cesser
immédiatement ; et *aussitôt cette crise passée,*
comme il ne se *rappelait aucunement* (ainsi que
je l'ai, du reste, dit plus haut), ce que je lui avais
suggéré la veille, *il ne s'est pas rendu,* bien entendu, à l'endroit désigné.

Le père de ce dernier jeune homme étant présent à ce moment, et l'ayant interrogé il m'apprit
que son fils avait très bien dormi. Mais il est bon
de dire *qu'en le réveillant, la veille, j'avais pris*
la bonne précaution (comme à l'autre jeune

homme, du reste), de leur suggérer qu'ils dor-
miraient très bien la nuit et ne seraient pas fatigués.

Pour l'ouvrier, il était facile de constater qu'il
n'était pas dans son état normal : un expérimentateur eut alors pu constater qu'il était sous l'influence
hypnotique, pour une première fois. Les ayant
revus quelques jours après, ils m'ont affirmé que
cette suggestion ne les avait nullement fatigués.

———

Un dernier cas que je vous citerai pour la
suggestion post-hypnotique est celui-ci :

J'expérimentais en 1889, à Arpajon, près Paris,
dans la salle de la Mairie, un jeune homme qui
était garçon boucher de son état et qui subissait, lui
aussi, l'influence hypnotique pour la première fois.

Après avoir fait sur lui un grand nombre d'expériences qui réussirent des mieux, je lui fis, pour
terminer, en ces termes, la suggestion suivante :

« *Demain matin, à 10 heures, vous vous ren-*
« *drez à la mairie, vous irez trouver M. le*
« *Maire dans son cabinet, et, comme le garde*
« *champêtre doit donner sa démission, vous*
« *demanderez à M. le Maire à le remplacer.* »

Le lendemain, à l'heure indiquée, il quitte son
travail en disant à son patron :

« J'ai une petite course à faire, j'en ai seule-
« ment pour cinq minutes, je reviens aussitôt. »

Il se rendit donc à la mairie ; mais comme M. le

Maire était occupé avec une personne, il n'osa formuler sa demande devant cette dernière.

M. le Maire, qui assistait la veille à ma séance, congédia aussitôt cette personne, à seule fin de se rendre compte de ce qui allait arriver.

Le jeune homme s'exprima donc ainsi :

« *Monsieur le Maire, j'ai appris que le* « *garde champêtre doit donner sa démission,* « *je viens vous demander à le remplacer si* « *vous le voulez bien.* »

Ensuite il retourna à son travail. Son patron, sachant lui aussi de quoi il s'agissait, l'ayant interrogé pourquoi il s'était dérangé, il lui répondit :

« *Que c'était une idée qui lui était venue* « *sans savoir pourquoi, et qu'il s'était dit* « *qu'il ne faisait pas mal d'aller à la mairie* « *demander cette place de garde champêtre.* »

Une expression textuelle aussi qu'il employa : « *qu'il n'y avait pas de sots métiers, mais qu'il* « *n'y avait que de sottes gens !* »

A l'appui de ce que j'avance :

Une des meilleures preuves que la plupart des sujets « *ne se rappellent pas* » *de ce qu'on leur a suggéré,* c'est qu'on dit à ce jeune homme que « *c'était moi qui lui avait suggéré* cette idée », mais jamais il ne voulut le croire !

Hallucination

Voulant traiter tout ce qui concerne l'*Hypno-tisme*, je vais vous dire ce qu'est l'*hallucination*, en vous en citant un cas des plus curieux.

Dans l'*Hallucination physiologique*, (non provoquée par l'hypnotisme), les plus fréquentes de toutes ce sont les *Hallucinations de la vue ;* au second rang viennent ces *Hallucinations com-binées* de la vue et de l'ouïe; *celles de l'ouïe toute seule* ne viennent qu'au troisième rang.

Le progrès le plus remarquable qu'ait fait dans ces dernières années la doctrine des hallucinations: c'est l'admission des hallucinations de la raison.

En effet, on commence à reconnaître que les *hallucinations* qu'on a signalées chez tant d'hom-mes célèbres n'étaient pas des preuves de folie.

Ne sait-on pas que beaucoup d'individus, à la suite d'une surexcitation nerveuse, d'une fatigue cérébrale, de chagrins prolongés, d'une exaltation morale, peuvent éprouver des *hallucinations pas-sagères, accidentelles,* sans qu'il soit possible de les taxer de folie? parce que tout le reste de leurs actes prouve qu'ils jouissent de l'intégrité de leur raison.

Ainsi l'existence d'un halluciné physiologique, rare il est vrai, est un fait acquis à la science.

Il n'est peut-être personne qui n'ait quelquefois cru entendre des paroles, que nul ne prononçait?

voir des objets qui n'agissaient point actuellement sur les sens, etc. ?

C'est là le degré le plus faible des hallucinations qui correspond, d'ailleurs, à ce que dans le monde on est convenu d'*appeler de la distraction*, de l'illusion !

Le caractère *véritablement physiologique de ces hallucinations,* c'est que celles-ci sont reconnues comme telles par ceux mêmes qui les éprouvent.

Le second ordre des *hallucinations* comprend les *hallucinations compliquées,* celles qui se combinent avec divers états morbides qu'il faut classer en trois degrés :

Dans l'un, la *raison est intacte.*

Dans l'autre, elle est ébranlée.

Et, dans la troisième, elle est perdue !

Le *premier degré* des *hallucinations compliquées* est celui qui existe dans les *Rêves* et le *Cauchemar;* c'est à ce dernier que se rapporte la question des *Incubes.*

Les *hallucinations du cauchemar* sont *ordinairement sporadiques;* mais on les a vu sous l'influence d'une *cause morale puissante,* attaquer, *à la fois,* un *grand nombre de personnes.*

Le second degré des *hallucinations compliquées* renferme celles qui ont lieu dans l'*ivresse* et le *delirium tremens.*

Il faut également y rapporter l'*extase,* produit par l'*opium,* le *haschich,* la *belladone,* la *madragore,* etc.

Les *maladies inflammatoires aiguës, chroniques*, etc., sont susceptibles de *produire* des *hallucinations ;* mais celles-ci sont *plus fréquentes,* plus *nombreuses* et *plus variées* dans les *maladies purement nerveuses.*

Celles qui se font le plus remarquer, à cet égard, sont : 1º la *Migraine ;* 2º l'*Hystérie ;* 3º la *Nymphomanie ;* 4º l'*Epilepsie ;* 5º la *Catalepsie ;* 6º l'*Extase ;* 7º le *Somnambulisme ;* 8º l'*Hypocondrie,* et 9º la *Rage.*

Les diverses formes de l'*aliénation mentale* constituent enfin la source la *plus féconde* et la *plus variée* des *hallucinations.*

C'est, en somme, dans ces cas *semi-pathologiques* que les *hallucinés ont (pendant leurs hallucinations)* vu et raconté des scènes qui étaient vraies ; mais le nombre en *est excessivement restreint,* car il se trouve *un sujet sur 2,000 qui voit réellement.*

Revenons maintenant aux *cas d'hallucinations que j'ai provoqués par l'hypnotisme.*

———

En 1886, me trouvant de passage à Fère-Champenoise (Marne), je donnai plusieurs séances au théâtre de cette ville, dont une entr'autres au bénéfice de la Caisse des Ecoles.

Je fus convié un soir à un dîner chez le docteur Ma..., avec un jeune homme âgé de 18 ans environ et de la localité n'ayant encore jamais subi l'influence hypnotique, que j'avais hypnotisé au théâtre où il avait montré des qualités remarquables d'extra lucidité.

Environ une heure et demie après notre dîner, je fis, sur la demande du docteur, des expériences d'hallucination sur ce jeune homme.

Comme il était doué d'une extrême sensibilité, je l'interrogeai sur un vol qui, me dit-on, avait été commis au Cercle où se réunissaient les notabilités de la ville quelques semaines avant, et dont le coupable n'avait pu être découvert.

Ce sujet, appartenant à une bonne famille, avait appris ce vol par le journal de la localité qui donnait très peu de détails.

Je lui suggérais alors verbalement, dans cet état d'*hallucination provoquée*, « de chercher et de voir le voleur. »

Il me répondit qu'il ne le trouvait et ne le voyait pas.

J'insistai à plusieurs reprises en lui disant :

« Qu'il allait bien le voir, qu'il chercherait bien et qu'il le trouverait et me dirait, à haute voix, tout ce qu'il verrait. »

Quelques minutes après, je pus constater qu'il faisait des mouvements de tête comme quelqu'un qui cherche et qui commence à voir.

Cela dura assez longtemps sans qu'il ne prononçât aucune parole !

Je me disposai à lui réitérer la suggestion que je lui avais faite, lorsque tout à coup il dit à haute voix :

« *Ah! je vois un homme!* — *Il casse un*
« *carreau.* — *Il entre au Cercle* (qui était au
« rez-de-chaussée). — *Tiens, mais la gérante*
« *se réveille !* (Elle couchait au premier étage). —
« *Elle écoute.* — *L'homme s'est arrêté et écoute*
« *aussi.* — *La gérante se rendort.* — *L'homme*
« *va au comptoir et prend l'argent dans le*
« *tiroir.* — *Le voilà ressorti.* — *Ah! mais il a*
« *une casquette en cuir !...* — *Je vois des lettres*
« *sur la casquette.* — *E... S... T... Est!* — *Il*
« *s'en va.* — *Il marche très vite.* — *Il prend la*
« *route de Sézanne.* — *Il s'arrête.* — *Il écoute.* —
« *Le voici arrivé dans une maison d'aspect*
« *assez misérable.* — *Elle touche presque la*
« *ligne du chemin de fer.* — *Il entre.* — *Il met de*
« *l'argent dans un mouchoir et y fait un nœud.*
« — *Il se déshabille.* — *Le voilà couché.* — *Il*
« *passe le bras sous la paillasse et y cache*
« *l'argent.* — *Il s'endort.* — *Ah! le misérable !* »

Je fis alors cesser cette scène, qui n'avait duré
que trop longtemps et qui nous avait si fort
impressionnés !

J'avouerai, pour ma part, (par la fin de ce récit
qui va suivre) que je le fus davantage que les
quatre ou cinq spectateurs qui étaient présents.

Quelques jours après, le docteur Ma... encore
sous le coup de cette soirée si émouvante, eut
occasion de voir quelques amis et leur raconta ce
qui s'était passé ; lesquels s'empressèrent à leur
tour de le raconter à d'autres.

Finalement les échos en parvinrent à la gendarmerie qui vint me trouver.

Je ferai remarquer qu'ayant de nombreux amis
dans le pays, j'y prolongeai quelque peu mon
séjour pour leur être agréable.

Répondant au maréchal des logis, à qui je
racontai textuellement les paroles ci-dessus
qu'avait alors tenues mon sujet, je lui fis observer
que, (malgré les détails absolument inédits et non
ébruités de ce que la gérante s'était réveillée et
qui avait cru que c'était du feu qui pétillait dans
sa cheminée, et dont elle n'avait aucunement parlé
de cela à personne) loin de moi était l'idée d'y
ajouter *entièrement foi* et une importance
absolue!

Pour ma satisfaction personnelle, croyant voir
que le maréchal des logis voulait diriger de nouvelles recherches sur ces indications, je ne l'en
dissuadai certainement pas, et cela dans l'intérêt
de la justice.

Bien m'en prît. En effet, ayant quitté Fère-
Champenoise dans l'intervalle, quel ne fût pas
mon étonnement d'apprendre environ un mois
après, par une lettre que m'écrivit un ami, qui me
disait que la gendarmerie mettant à profit les
renseignements fournis par mon sujet, et que je
leur avait donnés, avait fini par découvrir que le
voleur était bien réellement un employé du
Chemin de fer de l'Est (qui avait été arrêté) habi-
tant bien sur la route de Sézanne, et une maison

d'assez sordide apparence, (comme du reste l'avait désignée si bien mon sujet)!

Comme il n'y avait pas de preuves suffisantes, (malgré qu'il ne pût justifier la provenance relativement considérable de la somme qu'il avait chez lui, eu égard à sa modeste situation,) on se disposait à le mettre en liberté, lorsqu'il se décida à avouer que c'était bien lui qui avait accompli le vol.

Tenant compte de ses aveux, (toutefois un peu tardifs,) il fût condamné, mais à une peine relativement assez légère.

Il est inutile de faire remarquer que l'affaire fit grand bruit dans le pays et que l'on en parle toujours, surtout lorsque j'y retourne.

Somnambulisme

Il est aussi un autre cas, seul et unique, que j'ai rencontré dans ma carrière, et que je qualifierai de *Somnambulisme provoqué à mon insu, doublé d'attraction !*

C'était, si mes souvenirs sont bien précis, à l'automne de 1885. Me trouvant dans les Alpes, après la saison d'été, de retour de Suisse et ayant séjourné quelques jours à Chamonix, d'où je fis l'ascension d'une partie du Mont-Blanc, je m'arrêtai à Sallanches où, sur les instances de plusieurs notabilités du pays, je me décidai à donner une soirée, dans la salle de la Mairie.

Dans le cours de ma séance, sur huit à dix personnes qui s'étaient présentées pour que j'expérimentasse sur elles, j'en trouvai deux que je fis passer par toutes les phases du sommeil hypnotique ; quatre qui subirent seulement l'Attraction et la Fascination, les autres étant rebelles, ou tout au moins, il eût fallu passer beaucoup plus de temps, ou plusieurs séances, pour arriver au résultat voulu.

En passant, je ferai remarquer aux lecteurs que si je viens de dire « qu'il eût fallu passer beaucoup « plus de temps pour hypnotiser ces sujets « rebelles », j'avais un but :

« C'était de ne pas faire attendre par trop les spectateurs pour obtenir des résultats. »

Car une remarque excessivement importante que j'ai maintes fois constatée, (et dont vous aussi lecteurs je vous prierai de vous en rendre compte par vous-mêmes,) consiste à trouver quel que soit le lieu où l'on se trouve « *un laps de temps d'en-* « *viron deux ou trois minutes, quadruplé,* « *quintuplé et même quelquefois sextuplé !* »

La cause de ce *défaut d'appréciation exacte* en est des plus simples.

En effet, au moment où les expériences vont commencer sur un nouveau sujet, (eu égard au calme absolu, qui règne dans toute la salle, et surtout où toute l'attention des spectateurs se porte vers l'opérateur et le sujet qui restent immobiles dans le premier essai de ces expériences,) tous les yeux des spectateurs convergeant sur un même point, unique et immobile, ont hâte de prendre un repos et de voir terminer par un succès une expérience qui, dans l'imagination des auditeurs et dans leur attente, menacerait de prendre exclusivement toute la soirée sans qu'ils pourraient voir autre chose !

Revenant donc au cas qui nous occupe, je vous dirai qu'après avoir fait un certain nombre d'expériences sur ces deux premiers sujets, qui obéissaient parfaitement à toutes mes suggestions, je les réveillais en *ne laissant rien* persister de ce que je leur avait suggéré.

Mais quel ne fût pas mon étonnement le lendemain matin, en me levant de très bonne heure, (quoique m'étant couché très tard et en ayant peu dormi, comme cela m'arrivait et m'arrive encore très souvent, après une grande fatigue résultant d'un abus de mes forces que je déployais dans le cours de mes séances et qui me provoquaient des nuits entières d'insomnie,) de trouver couché et dormant à poings fermés, devant la porte de ma chambre, un de mes sujets que j'avais hypnotisés la veille et qui, je l'ai appris plus tard dans la journée, était pourtant parti avec son frère se coucher chez eux où ils habitaient à environ 1200 mètres de l'hôtel où j'étais descendu.

Je ferai encore remarquer à mes lecteurs, en

passant, que ce jeune homme ignorait complètement le nom de l'hôtel où je résidais ; mais l'eût-il encore su qu'il lui aurait été difficile, à son état normal, de trouver ma chambre, (qui portait le n° 9,) et cela d'autant plus qu'il y avait quinze chambres se suivant, se ressemblant toutes, lesquelles donnaient sur un balcon en bois au premier étage dans la cour, (comme on en trouve beaucoup dans la Savoie,) et dont on y avait accès par un escalier en bois se trouvant près de la porte cochère.

Je dirai aussi que cette porte restait (heureux pays !) entièrement ouverte jour et nuit sans que l'on eût aucune crainte des voleurs !

Malgré ma stupéfaction, vous avouerez qu'il y avait de quoi, je me rendis compte *ipso facto* que *le sommeil de ce jeune homme n'était pas naturel !*

Je le réveillais donc en lui soufflant tout simplement sur les yeux. Il fut tout étonné de se trouver en ce lieu ; l'ayant interrogé pourquoi il s'y trouvait, il me répondit :

« Qu'il ne savait pas qui l'y avait amené et
« qu'il était pourtant rentré se coucher chez eux
« avec son frère ».

En outre, je dirai que dans la journée j'appris par son frère, avec lequel il couchait, qu'il était sorti de chez eux, sans bruit et par une fenêtre du rez-de-chaussée, dont il avait pris la précaution, étant dehors, de la tirer sur lui, et qu'il ne s'était aperçu de sa disparition que le lendemain matin seulement, en se réveillant.

J'ai alors réhypnotisé mon jeune homme et lui ai suggéré :

« Qu'il ne se lèverait plus la nuit, à l'avenir, à
« moins qu'il se rende parfaitement compte de
« tout ce qu'il ferait ».

Ayant pris son adresse, j'écrivis aux parents deux mois après, et on me répondit, à ma grande satisfaction, qu'il se portait très bien et que rien d'anormal ne s'était produit chez lui depuis cette époque.

Les lois de la pesanteur déplacées
chez un sujet extatique

Dans les nombreuses séances que je donnai en 1886, à Reims, j'ai rencontré un jeune homme nommé Gillet, sujet des plus remarquables par ses poses extatiques.

Quand je le mettais *en état d'extase*, il prenait les positions les plus extraordinaires, se tenant même sur une jambe le corps renversé ne reposant plus que sur le bout d'un pied.

Je faisais ensuite vérifier une bascule que préalablement j'avais fait apporter, sur laquelle je plaçais mon sujet (qui était à l'extrême sensibilité de l'extase,) et dont on prenait le poids exact au début.

Je le réveillais au bout de quelques minutes d'expériences et, le remettant ensuite sur la bascule, on pouvait constater que son *poids avait augmenté* de 450 à 500 grammes.

Ce *phénomène de la perte d'un tel poids*, (pendant l'extase,) sur celui de 56 kilogrammes qu'il pesait à l'état normal, ne peut s'expliquer que par une action consistant en une forte aspiration d'air que faisait le sujet, (alors inconsciemment,) en se dilatant fortement la poitrine ou encore par les lois du magnétisme dont on ignore toujours les causes qu'il provoque !

Ces expériences, quoique paraissant incroyables, ont été dûment constatées et à plusieurs reprises par beaucoup de Rémois, dont certainement bien des noms m'échappent mais cependant dont je m'en rappelle quelques uns, avec lesquels j'ai conservé des relations tels que : M. A..., inspecteur d'Académie ; M. P..., amateur des plus distingués ; M. J..., instituteur à Reims ; que j'ai eu le plaisir de revoir, à mon dernier passage en mai 1895, etc., etc. ; et où toute la haute aristocratie de Reims est venue applaudir mes expériences, dont la presse toute entière a relaté l'immense succès que j'ai obtenu.

Je relaterai encore, ici, un cas curieux ayant trait à la *Suggestion post-hypnotique* :

A la fin de l'année 1893, me trouvant de passage

à Niort, je fus invité par une délégation d'élèves-officiers de l'Ecole de Saint-Maixent à aller leur donner, uniquement pour eux, une séance d'hypnotisme dans le local ordinaire de leurs réunions, qui était alors géré par Mme veuve Bouhard.

Après une série d'expériences faites sur mon sujet habituel, qui furent comme toujours très applaudies, je fus prié (par cette même délégation qui m'avait invité,) à pratiquer *quelques expériences de suggestion post-hypnotique* sur un élève-officier d'une rare intelligence qui possédait à fond, (de l'avis unanime de ses camarades !) toutes les matières faisant partie du programme des examens qu'il devait passer environ un mois après.

Malheureusement, ce jeune homme, lorsqu'il se trouvait en présence d'examinateurs, ne pouvait maîtriser l'émotion qu'il ressentait en les voyant, (et que tout le monde dans ce cas ressent plus ou moins !) perdait toute son assurance et perdait aussi malheureusement autre chose très grave pour lui : *la mémoire*.

En effet, on n'avait qu'à le questionner même sur les matières qu'il possédait le mieux. Non seulement il ne savait plus rien, mais il ne pouvait plus rien dire.

Ayant donc fait subir à ce jeune homme (qui était excessivement nerveux !) toutes les phases de l'hypnotisme, ses amis insistèrent près de moi d'une façon toute particulière, (mais à son insu !)

en me priant de lui suggérer quelque chose pour qu'il passât bien ses examens.

Je lui fis alors à haute voix, la suggestion suivante :

« Que lorsqu'il se trouverait à passer l'examen
« oral, il posséderait entièrement tout son sang-
« froid au moment où ses examinateurs l'inter-
« rogeraient, qu'il ne perdrait surtout plus la
« mémoire et qu'il répondrait bien exactement à
« toutes les questions qui lui seraient posées, de
« façon qu'obtenant de très bonnes notes il serait
« reçu avec les félicitations générales de tous les
« examinateurs. »

Il avait été convenu avec ses amis que, une fois réveillé, s'il *ne se rappelait aucunement de la suggestion ci-dessus*, que je lui avais suggérée, personne ne lui en parlerait. L'ayant alors réveillé et interrogé, je me rendis compte qu'il ne se rappelait aucunement de rien.

Après la soirée, quelques-uns de ses amis vinrent à part me remercier de ce que je venais de faire pour lui, en me disant que c'était un grand service que je venais de lui rendre, et dont il s'en rappellerait.

Effectivement, quelques mois après, me trouvant dans le Midi, je reçus de lui une lettre, (j'avais alors donné mon adresse à ses amis qui la lui donnèrent et qui lui racontèrent, après ses examens passés, ce qui était arrivé,) dans laquelle il m'annonçait :

« Qu'il venait de passer brillamment ses

« examens, qu'il avait été reçu et classé dans les
« premiers avec toutes les félicitations des exami-
« nateurs et qu'il me remerciait infiniment de ce
« que j'avais fait pour lui. »

Ce cas si bizarre de *mémoire perdue* et de
mémoire recouvrée peut être encore facile à
contrôler, en s'adressant à ses nombreux camarades de sa promotion qui, étant officiers aujour-
d'hui, s'en rappelleront en voyant mon ouvrage.

Voici donc une preuve de plus que la Suggestion peut rendre de très grands services.

———

Que vous dirais-je de plus ? Que j'ai trouvé en
1887, à l'Alcazar de Barcelone (Espagne), pendant
que j'expérimentais dans une séance, un spectateur
des loges de premières qui *s'est trouvé fasciné* en
me *regardant faire* des expériences sur une autre
personne.

Appelé aussitôt par ses amis, je suis monté
dans la loge et à peine lui avais-je *touché la main
qu'il reprit immédiatement son état normal.*

———

A Cognac, en 1889, dans une séance que je
donnai, j'avais invité, (comme toujours!) des spectateurs à venir se rendre compte des expériences
de contracture que je faisais. J'en priai alors deux
de vouloir bien tenir les chaises sur lesquelles mon
sujet était placé ; lorsqu'environ sept ou huit

minutes après, un d'eux, âgé d'environ une vingtaine d'années, se *trouva complètement hypnotisé et contracturé en tenant la chaise.*

Je m'emparai immédiatement de sa volonté, et je le décontracturai en le réveillant, sans toutefois ne faire sur lui aucune expérience, (n'en n'ayant pas sa permission,) malgré les instances des spectateurs.

Quand il fut réveillé, je lui demandai alors s'il désirait que je fisse sur lui quelques expériences d'Attraction et de Fascination, à l'état de veille, mais il court encore !

———

Lors d'un séjour que je fis en Algérie, en 1894, et dans une de mes soirées que je donnais au théâtre de l'Orphéon, à Alger, une jeune femme, qui y asssistait, excessivement nerveuse, *tomba en catalepsie rien qu'en regardant mes expériences.*

Voyant de quoi il s'agissait, je descendis de la scène et suggerai alors à haute voix, à cette personne qui *avait été cataleptisée à mon insu:*

« Qu'elle allait se réveiller de suite, mais tout « doucement, et qu'elle ne serait pas fatiguée ! »

Et en effet, elle s'est réveillée et a raconté alors « qu'elle s'était sentie comme tout étourdie ».

Mais il ne faut pas s'émouvoir de ces cas qui sont assez fréquents, même aux représentations théâtrales dramatiques, où on les a souvent vu se produire chez des personnes par trop impressionnables.

———

Comme cas toujours intéressants, je vous citerai le suivant :

En 1887, au théâtre des Variétés, à Toulouse, (direction Alier), un spectateur du parterre qui assistait à une de mes séances, *fut fasciné*, toujours à mon insu, *et imita*, de sa place, *tous les mouvements que je faisais sur la scène.*

Dans les sujets curieux que j'ai hypnotisés dans ma carrière, il s'en est aussi trouvé un, qui était sourd-muet et que j'ai expérimenté à Saint-Germain-en-Laye, près Paris, en 1890, qui était doué d'une rare intelligence.

Je n'ai eu qu'un regret : c'était de ne pas habiter Saint-Germain-en-Laye, où par des séances réitérées sur lui, j'aurai très bien pu, je crois, arriver à le faire entendre, vu que dans la première séance, par des pressions, et à l'état d'*hémi-fascination*, les yeux ouverts, j'étais arrivé à le *faire parler plus distinctement* que ses Oh ! et ses Ah ! qu'il employait habituellement à l'état normal.

S'il fallait, lecteurs, que je vous cite seulement la moitié des *cas curieux d'hypnotisme et de suggestion* que j'ai observés et expérimentés, cet ouvrage à lui seul n'y suffirait certainement pas.

Mais, pour terminer, je vais vous citer un

cas de guérison que j'ai obtenu à Juvisy, près Paris.

C'était en 1884, M. S..., marchand de bois, je crois, était paralysé du côté droit depuis un mois environ avant mon passage.

J'essayai de l'hypnotiser ; voyant que je ne pouvais y réussir assez vite, j'hypnotisais alors mon sujet et la fit asseoir à côté du paralytique dont je mis la main paralysée dans celle de mon sujet.

Je possédais alors de puissants aimants qui me servaient et me servent encore dans mes expériences, et, après les avoir passés plusieurs fois sur le bras paralysé, je m'aperçus que le bras de mon sujet hypnotisé se contracturait.

Je cessai l'expérience, au bout d'une demi-heure et en voulant décontracturer le bras de mon sujet par des attouchements, comme je le faisais habituellement, je ne pus y arriver.

Je réveillai alors mon sujet et m'aperçus qu'elle était tout hébétée et que le côté qui avait touché le malade était paralysé.

Je réhypnotisai de nouveau mon sujet et, par la *suggestion verbale*, je lui dis :

« Que j'allais la réveiller et qu'elle ne serait plus paralysée ».

En effet, après qu'elle eût repris son *état normal* je constatai, à ma grande satisfaction, que cette paralysie passagère avait disparu et que le malade pouvait légèrement remuer le bras.

Je répétai la même expérience, pendant trois jours, au bout desquels j'eus le plaisir de voir mes efforts couronnés de succès.

J'oubliais, lecteurs, de vous dire :

« Que par un temps d'orage l'expérimentateur
« a beaucoup plus de peine et plus de difficultés
« pour réussir ses expériences qu'en temps ordi-
« naire ; car, en effet, l'électricité agissant sur lui
« et les sujets vient contrarier cette force vibratoire
« qui se dégage, de l'opérateur au sujet, et l'en
« écarter de sa destination. »

COPIE

QUELQUES ATTESTATIONS

Prises parmi les nombreuses que je possède,
(et dont les originaux sont dûment légalisés)
émanant

D'ASSOCIATIONS D'ÉTUDIANTS
DE CERCLES MILITAIRES
DE CERCLES CIVILS, ETC.

Et une toute récente

DE SA MAJESTÉ LA REINE NATHALIE
DE SERBIE

VINGT ATTESTATIONS

Attestation de l'Association générale des Etudiants de Montpellier

ÉTUDIANTS
DE MONTPELLIER

Monsieur le Professeur Hoën,

Je suis chargé par mes camarades, membres de l'Association, de vous exprimer tous leurs remerciements pour la fort agréable soirée que vous nous avez donnée hier soir dans les salons de notre Association.

Il est inutile de vous dire que nos Professeurs et nous, avons suivi avec le plus vif intérêt vos

Expériences d'Hypnotisme et de Suggestion, dont nous nous plaisons à reconnaître le mérite incontestable.

Veuillez agréer, Monsieur le Professeur, l'assurance de ma parfaite considération.

> *Pour le Président,*
>> Signé : Reissier.
>>> *Vice-Président de l'Association.*

Montpellier, le 16 Mai 1896.

> (Sceau de l'Association.)

Attestation du « Cercle militaire de Lyon »
9, rue des Archers

CERCLE MILITAIRE
DE LYON
—

M. le professeur Hoën et son remarquable sujet, Mlle Elisa, ont donné le mardi 23 Décembre 1895, dans les salons du Cercle militaire de Lyon, une séance « d'Expérimentation Physiologique » des plus intéressantes.

Les phénomènes d'hypnotisme, de catalepsie, de somnambulisme, etc., provoqués par M. Hoën et expliqués très scientifiquement et avec beaucoup de lucidité, ont été très appréciés par les nombreux spectateurs.

Indépendamment des expériences faites sur la personne de Mlle Elisa, M. Hoën en a pratiqué

quelques-unes, avec un plein succès, sur plusieurs
membres du Cercle qui ont bien voulu s'y prêter.

Signé : PARMENTIER.

*Chef de Bataillon, Président de la Commission
des Fêtes du Cercle militaire.*

Lyon, le 26 Décembre 1895.

(Sceau du Cercle.)

Attestation de Sa Majesté la Reine Nathalie de Serbie

A Monsieur le Professeur Hoën,

Biarritz.

Je suis chargée par Sa Majesté la Reine Nathalie de Serbie, de vous dire tout l'intérêt qu'Elle a
pris à la séance d'Hypnotisme que vous avez
donnée à Sachino, le lundi 28 Décembre dernier.

Heureuse de vous transmettre cette haute appréciation, je vous prie de croire à ma considération
la plus distinguée.

Signé : DRAGA MASCHINE,

*Dame d'honneur de S. M. la Reine
Nathalie de Serbie.*

Palais de Sachino, près Biarritz, le 3 Janvier 1897.

Vu pour certification matérielle de la signature de
Mᵐᵉ Draga Maschine, Dame d'honneur de S. M.
la Reine de Serbie, apposée ci-dessus.

Signé : CANAC.

Commissaire de Police.

(Cachet du Commissaire de Police
de Biarritz.)

MINISTÈRE DE L'AGRICULTURE   Toulouse,
—
ÉCOLE NATIONALE VÉTÉRINAIRE   le 25 Avril 1888.
DE TOULOUSE
—
DIRECTION
—

Je soussigné, Directeur de l'Ecole vétérinaire de
Toulouse,
Certifie que M. Hoën a reproduit avec succès,
devant les élèves de l'Ecole et quelques personnes
du corps enseignant, les principales expériences
de la Salpétrière, dans la Catalepsie et le Somnambulisme.

Signé : J. LAULANIER.

(Sceau de l'Ecole.)

Attestation du « Cercle de Versailles »

CERCLE DE VERSAILLES   Versailles, le 28 Octobre 1889.
—

Monsieur et cher Collègue,

Je vous prie de vouloir bien assister à la *Soirée*
et au *Punch* offerts par le Cercle, qui auront lieu
le samedi 2 novembre 1889, à 9 heures du soir.

A cette soirée, il sera donné une séance d'Hypnotisme par le célèbre professeur Hoën, auteur de
la Suggestion mentale à l'état d'anesthésie.

Espérant être honoré de votre présence, veuillez
croire, Monsieur et cher Collègue, à l'assurance
de mes meilleurs sentiments.

Le Président,

Signé : GORGERON.

Attestation

Je soussigné, Joseph Gorgeron, Président du Cercle de Versailles, déclare que nous avons assisté à une séance d'Expériences hypnotiques et de suggestion mentale, vraiment fort curieuse et qui nous a fait plaisir à tous, donnée par M. le Professeur Hoën. C'est pourquoi, au nom des Membres présents du Cercle, je lui ai délivré la présente attestation.

Signé : J. GORGERON.

Versailles, le 2 Novembre 1889.

(Cachet du Cercle.)

Attestation de l'Association générale des Etudiants des Facultés de l'Etat

9, place du Pont, Lyon

LE COMITÉ Lyon, le 21 Décembre 1895.

Nous sommes heureux de pouvoir attester le succès remporté par M. le Professeur Hoën, dans la soirée qu'il vient de donner à l'Association. Devant un nombreux public de professeurs, de médecins et d'étudiants des diverses Facultés, M. le Professeur a présenté ses expériences si curieuses et si intéressantes au point de vue scientifique. La plupart sont des découvertes personnelles, dues à la longue expérience et au savoir du remar-

quable hypnotiseur. A signaler l'action des alcaloïdes à distance, l'accélération du pouls (144 pulsations à la minute), les expériences de somnambulisme et de catalepsie. M. Hoën possède un très
curieux sujet en Mlle Elisa, qui se prête à mer-
veille aux expériences du Professeur. Nos plus
sincères félicitations. Nous ne saurions trop recommander les diverses Associations, auxquelles
M. Hoën offrira une séance, de lui faire le plus
chaleureux accueil. C'est, en perspective, une très
intéressante et très instructive soirée à passer.

Le Vice-Président,

Signé : A. GODARD.

(Sceau de l'Association.)

Attestations du Casino des Thermes et du Grand-Hôtel des Iles-Britanniques de La Bourboule-les-Bains (Auvergne).

Nous certifions avoir assisté à une représentation
privée qui nous a été donnée par le professeur
Hoën, à l'Hôtel des Iles-Britanniques. Après une
série d'expériences du plus haut intérêt sur son
sujet habituel, Mlle Elisa (notamment contracture
névro-musculaire d'un côté du sujet, hypéresthésie
de l'autre, etc., etc.), le professeur Hoën a produit
sur quelques-uns d'entre-nous des effets d'hypnotisme et de fascination dont nous ne pouvons
mettre en doute la sincérité.

A sa demande nous n'avons pas hésité à lui fournir le présent témoignage.

> Signé : Comte Jacques de BRÉDA,
> J. de VAUGLA, Duc DECAZES,
> Vicomte J. de CHEZELLES.

Nous certifions de plus avoir assisté dans un salon du Casino des Thermes, à une seconde séance du même genre, plus intéressante encore, où nous avons remarqué spécialement des expériences remarquables de suggestion post-hypnotique sur le sujet, et les effets singuliers produits sur plusieurs d'entre nous.

> Signé : Comte J. de BRÉDA, JOU-
> BERT, Duc DECAZES, Vicomte
> J. de CHÉZELLES, SCHNEIDER,
> Comte G. GONTAUT-BIRON.

La Bourboule-les-Bains, 12 juillet 1893.

Vu pour la légalisation des signatures ci-dessus, le 19 juillet 1893.

> *Le Maire,*
> Signé : GARDIN.

(Cachet de la Mairie.)

14ᵉ CORPS D'ARMÉE   Grenoble, le 29 mars 1893.
—
RÉUNION DES OFFICIERS
DE GRENOBLE

Les membres de la Réunion des Officiers de Grenoble certifient avoir assisté, le 28 mars, à une séance d'expérimentation physiologique donnée par M. le Professeur Hoën, dans les salons de la Réunion.

Après de nombreuses expériences des plus intéressantes sur son remarquable sujet, Mlle Elisa (suggestion mentale à l'état d'anesthésie, anesthésie d'un côté, hypéresthésie de l'autre, contracture névro-musculaire, etc.), M. le Professeur Hoën a produit sur quelques membres de la Réunion des effets surprenants d'hypnotisme et de fascination.

Signé : A. MARCELLIN.
*Chef de Bataillon. Président de la
Commission du Cercle.*

(Cachet du Cercle.)

Attestation du « Cercle Vertusien » à Vertus (Marne)

CERCLE VERTUSIEN   Vertus, le 26 Avril 1895.

Monsieur,

Vous êtes prié de vouloir bien vous réunir dans le local du Cercle, le 27 courant à 8 heures 1/2 du soir.

Ordre du jour :

Séance d'hypnotisme donnée par M. le Professeur Hoën et son sujet, Mlle Elisa.

Agréez, Monsieur, mes salutations distinguées.

Le Président,
Signé : Dr JANIN.

Attestation

Je soussigné, Docteur en Médecine de la Faculté de Paris, président du Cercle Vertusien, certifie que M. le Professeur Hoën a donné hier soir, dans les salons de notre Cercle, en présence d'une assistance nombreuse composée surtout de dames, une soirée des plus intéressantes sur l'Hypnotisme.

De fréquents applaudissements ont souligné ses expériences sur la catalepsie, l'effet des médicaments à distance, et même sur les spectateurs.

Je rends hommage au talent de M. Hoën, et le remercie de l'excellente soirée qu'il a bien voulu nous donner.

Signé : Dr JANIN.

(Cachet du Cercle.)

Attestation du Cercle du Sapin, de La Chaux-de-Fonds (Suisse)

CERCLE DU SAPIN
—
LA CHAUX-DE-FONDS
—

La Chaux-de-Fonds,
6 Novembre 1895.

Je soussigné, Président du Cercle du Sapin, déclare que hier au soir, M. le professeur Hoën a donné dans les locaux du Cercle, et en présence d'une nombreuse assistance composée de dames et de messieurs, une séance sur l'Hypnotisme, qui a été excessivement goûtée.

Nous adressons à M. le Professeur Hoën et à

son sujet, Mlle Elisa, nos sincères félicitations, et
les recommandons à tous ceux auxquels la pré-
sente déclaration sera soumise.

Signé : LEUBA.

Avocat-Notaire, Président du Cercle du Sapin.

Cercle du Sapin, 500 membres adhérents.

Attestation de l'Association des Etudiants de Toulouse

A Monsieur le Professeur Hoën,

Toulouse.

Nous, soussignés, membres du Comité de l'Association des Etudiants libres des Facultés de
Toulouse, réunis dans les salons du Café de la
Paix, déclarons avoir assisté à une séance d'Hypnotisme donnée à l'Association par M. le Professeur Hoën, de la Salpétrière, accompagné de son
incomparable sujet, Mlle Elisa.

Nous devons déclarer que, jusqu'à ce jour, nous
n'avions jamais vu à Toulouse les expériences de
Suggestion mentale à l'état d'anesthésie, ainsi que
les épreuves sur la catalepsie généralisée.

Nous devons citer également dans le nombre
des expériences qui ont été faites devant nous,
l'accélération du pouls (150 pulsations à la mi-

nute), ainsi que l'action de médicaments à distance.

M. le Professeur Hoën a terminé sa séance sur des étudiants de Médecine, qui ont bien voulu lui prêter son concours, et, à son grand honneur, a pleinement réussi.

En foi de quoi, nous, Etudiants de Toulouse, lui délivrons avec plaisir ce présent certificat.

Les membres du Comité :

Le Trésorier, *Le Vice-Président,*
Signé : P. AUCUIN. Signé : A. MAURY.

Le Bibliothécaire, *Le Secrétaire,*
Signé : J. BAPNAL. Signé : J. EYRIÉ.

Toulouse, le 2 mars 1888.

(Cachet de l'Association.)

Attestation du Cercle Militaire de La Fère

Le colonel du 17ᵉ Régiment d'Artillerie, en garnison à La Fère, président du Cercle militaire, est heureux de transmettre au Professeur Hoën ses plus vives félicitations pour la très intéressante séance d'Hypnotisme et de Suggestion qu'il nous a donnée hier soir dans les salons de notre Cercle.

Signé : *(Illisible).*

La Fère, le 23 Janvier 1895.

Attestation du Cercle des Intimes de Nîmes

CERCLE DES INTIMES   Nîmes, le 6 Janvier 1896.
—
1, RUE DES FRÈRES-MINEURS, 1
NIMES

Sur notre invitation, M. le Professeur Hoën
a donné ce soir, dans notre Cercle, une séance
d'Hypnotisme, de Magnétisme et de Suggestion
mentale. Ses diverses expériences, présentées sans
charlatanisme et scientifiquement expliquées,
nous ont vivement intéressés deux heures durant,
et c'est bien volontiers que nous lui signons l'attestation que ses expériences sont des. plus curieuses et des plus intéressantes.

Signé : J. GUINAUDON.

Président du Cercle des Intimes, Directeur
de l'Echo du Midi.

Attestation de l'Association générale des Etudiants de Nantes

Le Président de l'Association générale des Etudiants de Nantes est heureux de féliciter M. Hoën
de la séance d'Hypnotisme qu'il a donnée le ven-
dredi 1er avril, au siège de l'Association.

Les expériences ont très vivement intéressé tous les étudiants, tant au point de vue scientifique que par leur côté curieux et amusant.

Le Président,

Signé : A. MOREAU.

Nantes, le 12 Avril 1892.

(Cachet du Cercle.)

Attestation de l'Association de MM. les Officiers de la Réserve de l'Armée territoriale et en retraite, Toulouse.

Monsieur le Professeur d'Hypnotisme Hoën, de la Salpétrière, a donné le 18 mars une séance d'expériences inédites d'Hypnotisme et de Suggestion mentale, dans les salons de l'Association des Officiers et assimilés de réserve de l'armée territoriale et en retraite.

Un grand nombre d'expériences fort intéressantes ont été faites à la grande satisfaction de tous les membres présents et de leur famille.

Signé : J. PÉRIÈS.

Président, Colonel du 129ᵉ Territorial.

Toulouse, le 19 Mars 1888.

Attestation de l'Ecole de cavalerie de Saumur

Note de Service

CABINET
DE SERVICE
—

Monsieur Hoën,

Vous le voyez, je vous écris du Cabinet de Service, et avec la première feuille qui me tombe sous la main. J'ai reçu ce que vous m'avez envoyé. Beaucoup de mes camarades me prient de vous demander quand vous repasserez à Saumur ; ils se proposent d'aller de nouveau assister à vos intéressantes expériences ! Nous avons tous été frappés, il est vrai, par le côté sérieux, scientifique de vos opérations ; au moins ceci n'est pas du charlatanisme, ni de la prestidigitation.

Ayez donc l'obligeance de me dire si nous pouvons compter sur vous dans la première quinzaine de Janvier.

Signé : E. DUPERTUIS,
Président des Elèves-Officiers.

Saumur, le 16 Décembre 1892.

(Cachet de l'Ecole.)

Attestation de l'Association générale des Etudiants de Bordeaux

ASSOCIATION GÉNÉRALE DES ÉTUDIANTS
DE BORDEAUX
135, Cours Victor-Hugo, 135

Je soussigné, Joseph Beuzacar, Avocat à la Cour d'Appel de Bordeaux, Président de l'Associa-

tion générale des Etudiants de cette ville, déclare
que M. Hoën s'est livré à notre siège social, et en
présence d'un grand nombre d'étudiants de toutes
les Facultés, entr'autres de plusieurs internes de
l'hôpital Saint-André et de divers professeurs des
Facultés, à une série d'expériences de Magnétisme
et de Suggestion mentale, dont le caractère de
sincérité ne saurait être suspecté !

Pendant trois heures, il a étudié avec succès,
sur son sujet, Mlle Elisa, les phénomènes d'Hypnotisme les plus récemment découverts par le
docteur Charcot. Aussi bien, lui délivrons-nous la
présente attestation.

Signé : J. Beuzacar.

Président de l'Association.

Bordeaux, ce 8 Décembre 1888.

Attestation du Cercle des Sous-Officiers du 1" Régiment de Chasseurs, en garnison à Sampigny.

Je certifie, au nom de tous les sous-officiers du
1er Régiment de Chasseurs, que M. Hoën nous a
donné ce soir, dans notre Cercle, une soirée très
intéressante d'Hypnotisme, très bien secondé par
son sujet, Mlle Elisa.

M. Hoën a, en outre, réussi plusieurs expériences sur des sous-officiers présents, et le tout
présenté d'une façon parfaite.

En résumé, charmante soirée qui mérite d'être vue.

Signé : L. de SAINT-ANDRÉ.

Président du Cercle.

Sampigny, 2 Août 1895.

(Cachet du Cercle.)

Attestation de l'Association générale des Etudiants de Grenoble

ASSOCIATION GÉNÉRALE
DES ÉTUDIANTS
1, PLACE SAINT-ANDRÉ
GRENOBLE

Grenoble, le 27 Mars 1896.

Il a bien justifié sa réputation, le professeur Hoën, hier soir, à l'Association des Etudiants, dans la séance d'Hypnotisme et de Suggestion qu'il a donnée en présence d'un nombreux public.

Il faut citer surtout, parmi les expériences personnelles qu'il nous a présentées, l'état cataleptique provoqué à distance sur son sujet remarquable, Mlle Elisa ; de même l'action des alcaloïdes, l'acide thymique, par exemple, provoquant une turgescence de cou et disparaissant par la morphine, à distance, une accélération du pouls, allant jusqu'à 126 pulsations à la minute, etc.

Le travail que produit M. Hoën est très varié et présente assurément un très grand attrait, soit scientifique, soit artistique ; il fait passer sous les yeux une synthèse des leçons de Charcot.

Nous n'avons que des félicitations à lui adresser, ainsi qu'à Mlle Elisa, personne très bien constituée et nullement hystérique, qui, par la docilité avec laquelle elle se soumet aux expériences de M. Hoën, fait le plus bel éloge de son maître.

Signé : H. Baron,
Vice-Président.

(Cachet de l'Association.)

Appréciation du docteur Pascal, d'Alger

Extrait du journal l'*Akhbar*, du numéro du dimanche 15 avril 1894. (Journal de l'Algérie paraissant à Alger depuis 56 ans.)

CAUSERIE MÉDICALE

« Dans ses magnifiques et curieuses expériences
« d'Hypnotisme qu'il a données récemment au
« Théâtre de l'Orphéon, et que l'on n'avait pas
« encore vu jusqu'ici, à Alger, le professeur Hoën
« a montré qu'il possédait à fond la science des
« Charcot, des Bernheim, etc., qui en ont fait
« une étude si approfondie pendant ces dernières
« années. »

« Il a aussi montré quelles ressources et les
« immenses services que cette science de l'Hypno-
« tisme serait appelé à rendre à l'art médical, par
« un emploi thérapeuthique, judicieusement appli-
« qué, de ces forces nerveuses. »

. . . .

. . . .

« Ce n'est pas une réclame que je cherche à lui
faire ; ce n'est pas dans mes habitudes ni dans
mon caractère. Je ne l'envisage qu'au point de
vue médical et scientifique ; car la vulgarisation
de ces expériences ne fera qu'activer l'apparition
d'une ère entièrement nouvelle pour la Médecine.

« Signé : Docteur PASCAL. »

Nota. — En dehors des attestations ci-dessus
relatées, M. Hoën en possède un grand nombre
d'autres également très élogieuses, et émanant de
nombreux autres Cercles civils et militaires, d'autres Associations d'Etudiants, etc., qu'il ne peut
relater ici, à son grand regret, car l'ouvrage n'y
suffirait certainement pas.

TABLE DES MATIÈRES

EXPÉRIENCES DIVERSES

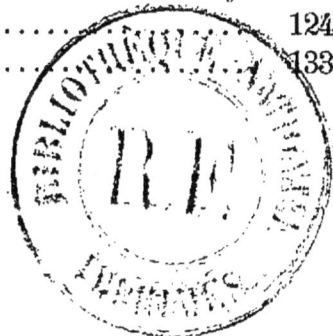

www.ingramcontent.com/pod-product-compliance
Lightning Source LLC
Chambersburg PA
CBHW052055090426
42739CB00010B/2187